LUZ, CÂMERA E HISTÓRIA!
Práticas de ensino com o cinema

COLEÇÃO **PRÁTICAS DOCENTES**

Rodrigo de Almeida Ferreira

LUZ, CÂMERA E HISTÓRIA!
Práticas de ensino com o cinema

autêntica

Copyright © 2018 Rodrigo de Almeida Ferreira
Copyright © 2018 Autêntica Editora

Todos os direitos reservados pela Autêntica Editora. Nenhuma parte desta publicação poderá ser reproduzida, seja por meios mecânicos, eletrônicos, seja via cópia xerográfica, sem a autorização prévia da Editora.

Todos os esforços foram feitos no sentido de encontrar os detentores dos direitos autorais das obras que constam deste livro. Pedimos desculpas por eventuais omissões involuntárias e nos comprometemos a inserir os devidos créditos e corrigir possíveis falhas em edições subsequentes.

COORDENAÇÃO EDITORIAL DA
COLEÇÃO PRÁTICAS DOCENTES
Maria Eliza Linhares Borges

CONSELHO EDITORIAL
Ana Rocha dos Santos (UFS)
Celso Favaretto (USP)
Juarez Dayrell (UFMG)
Kazumi Munakata (PUC-SP)

EDITORA RESPONSÁVEL
Rejane Dias

EDITORA ASSISTENTE
Cecilia Martins

REVISÃO
Lívia Martins

PROJETO GRÁFICO
Diogo Droschi

CAPA
Alberto Bittencourt
(sobre imagem de © The Magic Lantern Society 2007. Todos os direitos reservados)

Dados Internacionais de Catalogação na Publicação (CIP)
(Câmara Brasileira do Livro, SP, Brasil)

Ferreira, Rodrigo de Almeida
  Luz, câmera e história! : práticas de ensino com o cinema / Rodrigo de Almeida Ferreira. -- 1. ed. -- Belo Horizonte : Autêntica Editora, 2018. -- (Coleção Práticas Docentes)

  Bibliografia.
  ISBN 978-85-513-0299-6

  1. Cinema – História 2. Cinema na educação 3. História – Estudo e ensino 4. Professores - Formação profissional I. Título. II. Série.

17-08939 CDD-907

Índices para catálogo sistemático:
1. Cinema : Estudo e ensino : História 907

GRUPO AUTÊNTICA

Belo Horizonte
Rua Carlos Turner, 420
Silveira . 31140-520
Belo Horizonte . MG
Tel.: (55 31) 3465 4500

Rio de Janeiro
Rua Debret, 23, sala 401
Centro . 20030-080
Rio de Janeiro . RJ
Tel.: (55 21) 3179 1975

São Paulo
Av. Paulista, 2.073,
Conjunto Nacional, Horsa I
23º andar . Conj. 2310-2312 .
Cerqueira César . 01311-940
São Paulo . SP
Tel.: (55 11) 3034 4468

www.grupoautentica.com.br

*Às/Aos queridas/os alunas/os
com quem tenho compartilhado
os caminhos da história,
da educação e do cinema*

APRESENTAÇÃO... 09

CAPÍTULO 1

EM CARTAZ... O CINEMA..13

    Breve história do surgimento do cinema....................................13
    Momentos e tendências do cinema..21
    A educação recebe o cinema:
    políticas governamentais e reformas educacionais..................35
    Conexões entre cinema e História..46
        Cinema e realidade 47
        O cinema na pesquisa histórica....................................49
    Desafios da relação entre cinema, História e educação............53

CAPÍTULO 2

**EM FOCO... POSSIBILIDADES METODOLÓGICAS
PARA ANÁLISE FÍLMICA**..57

    Cinema-história: um gênero fílmico? 58
        Estrutura ficcional 62
        Estrutura documentária 63
        Estrutura educativa 68
    Para pensar o filme com temática histórica......................................71
        Filme de ambientação histórica 75
        Filme de projeção histórica 77
        Filme com fundamentação histórica......................................80
        Filme de reportação histórica 84
        Documentário 89
        Docudrama.. 93
    Elementos da linguagem fílmica.. 95
        Montagem fílmica: sequência, cena e plano........................... 97
        Enquadramento: percepção de planos e
        posicionamentos de câmera... 199
        Movimentos de câmera 104

CAPÍTULO 3

EM AÇÃO... O FILME NA AULA DE HISTÓRIA 109

Elementos para análise fílmica na sala de aula.................................110
    Contextualização do tema...112
    Contextualização da produção 115
    Produção financeira 120
    Repercussão 122
    Narrativa fílmica... 126
Atividades para o desenvolvimento do
processo de ensino/aprendizagem 129
    As fichas ajudam na análise fílmica?.. 129
        Ficha sinóptica 132
        Ficha contextualizada 133
        Ficha reflexiva...134
        Exemplo de ficha para análise 135
    Blog na sala de aula 137
    Educação de Jovens e Adultos (EJA) e o cinema 154
        Sequência didática: eixo temático 156
            "Relações de trabalho" 156
        Sensibilização 156
        Exibição e análise...157
        Registro 161
    "Jovem-estudante cineasta" 162
        Pré-produção..163
            Sensibilização para o processo criativo 163
            Sensibilização para o tema: sujeitos históricos....... 164
        Produção 165
            Preparação das entrevistas 165
            Filmagem das entrevistas... 166
            Roteiro e edição coletiva do curta-metragem 169
        Pós-produção 175

CONSIDERAÇÕES FINAIS.. 177
BIBLIOGRAFIA..183

APRESENTAÇÃO

Uma imagem vale mais que mil palavras. Como podemos ler esta frase? Corrente no senso comum, ela revela um desequilíbrio na relação de força entre a imagem – seja ela estática ou em movimento – e as palavras. Frequentemente, abordagens reducionistas percebem o cinema na sua relação com o tempo histórico como a captura de um acontecimento ou mesmo de comprovação de fatos. Essa visão desconsidera fundamentalmente três itens importantes da análise fílmica: o processo da produção, da veiculação e da circulação dos filmes.

O objetivo deste livro, que entrecruza cinema, educação e história, é refletir sobre o impacto da cultura visual na educação, principalmente no conhecimento histórico. Para tanto, propomos o exercício da educação do olhar, a abertura de janelas que hão de levar o professor a convidar os jovens-estudantes a interpretar imagens sociais – imagens dos sujeitos e grupos na história.

O livro se destina à formação e capacitação de professores. Seu conteúdo é acessível a estudantes universitários, especialmente das licenciaturas, bem como a professores no exercício docente (educação básica e superior). O texto, com discussões teórico-metodológicas e práticas, estimula reflexões sobre o ensino nas áreas de História, Cinema e Educação. Pretendemos, assim, qualificar o uso do cinema em sala de aula, considerando diferentes níveis de ensino.

Sugerimos reflexões sobre cinema-história e ações educacionais com grupos e turmas, nas escolas e nas universidades, tendo em vista diferentes conteúdos e as necessidades dos alunos envolvidos em cada projeto. Buscamos que o professor estimule a percepção do sentido e do significado do conhecimento cinematográfico para a compreensão dos processos históricos – indicando a importância dos projetos de cinema-história.

Acreditamos ser possível, com materiais escassos ou não, que o professor utilize o filme em sala de aula, encantando os seus alunos e, consequentemente, estimulando a observação das abordagens distintas sobre temas históricos. Nesse caminho o jovem-estudante poderá encontrar condições para construção de sua autonomia: ao visualizar e interpretar "outras histórias", o jovem desenvolverá sua percepção sobre, por exemplo, o exercício dos direitos e deveres do cidadão.

Ponderamos, aos professores leitores deste livro, a nossa preocupação em não construir modelos metodológicos a serem empregados no cotidiano escolar, tal qual um receituário. Pedagogicamente, buscamos estimular a reflexão por meio de questionamentos da relação cinema-história. Em função disso, sugerimos que cada trabalho a ser desenvolvido em sala de aula seja fruto de um planejamento que leve em conta as características do grupo de jovens-estudantes.

Para estimular reflexões sobre a educação do olhar, a partir dos projetos com cinema-história, o livro está estruturado em três capítulos.

Em cartaz... O cinema

No primeiro capítulo, retomamos brevemente parte da história do cinema, a fim de indicar as características do desenvolvimento da linguagem cinematográfica. O objetivo é discutir a consolidação do cinema como elemento cultural em nossa sociedade. Nesse capítulo, o potencial do filme para a educação do conhecimento histórico é analisado a partir das políticas governamentais e das reformas educacionais. Observamos o ensino dos conteúdos curriculares, por meio dos filmes, e apresentamos aspectos do processo de formação e capacitação do professor frente à relação cinema-história.

Em foco... Possibilidades metodológicas para análise fílmica

Discutimos, no segundo capítulo, alguns procedimentos para análise fílmica. Quando tomado como um mediador do conhecimento histórico, o cinema adquire dupla característica: poder ser abordado tanto como fonte quanto como objeto de estudo. Esse movimento favorece a ampliação do entendimento do uso educativo do cinema-história. Rompe, pois, com a tradicional perspectiva de considerá-lo ilustração do conteúdo escolar. Na discussão sobre cinema-história, perguntamos: como os filmes mobilizam o tempo histórico? Quais são os elementos da linguagem fílmica? Como a narrativa cinematográfica da História dialoga com o conhecimento histórico?

Em ação... O filme na aula de história

O último capítulo dialoga com as perspectivas teórico-metodológicas de análise fílmica para pensar usos do cinema na educação do conhecimento histórico. Analisamos, também, para além da produção, a divulgação dos filmes. Considerando eixos temáticos, serão tecidas reflexões para o uso educativo do filme, sem, contudo, ter a intenção de se construir um banco de planos de aula. Nesse exercício reflexivo, serão abordados pontos necessários à constituição da prática didática, como a seleção do título fílmico, o levantamento de questões, a avaliação e a percepção do aluno como produtor do conhecimento.

****

Procuramos trazer para o primeiro plano a reflexão teórico-metodológica da relação entre cinema e história, de modo a estimular práticas que possam ser desenvolvidas independentemente do conteúdo e da faixa etária. O princípio da educação para a formação crítico-cidadã nos orientou. Com o foco no filme com temática histórica, continuamos a valorizar uma educação dialógica, colaborativa entre professor e aluno, pautada por reflexões e questionamentos ao processo histórico, mobilizando múltiplas metodologias e fontes.

Convidamos, então, os professores e graduandos em licenciatura a percorrerem os caminhos do cinema-história aqui propostos. O diálogo interdisciplinar entre o filme, a história e a educação busca qualificar a reflexão sobre a *educação do olhar*!

CAPÍTULO 1

EM CARTAZ... O CINEMA

Inventado no apagar das luzes do século XIX, o cinema entrou em cena e se tornou um ícone da sociedade contemporânea. Com pouco mais de um século de existência, ele pode ser considerado ainda jovial, movimentando a cultura e o mercado em tempos de interconexão.

Neste capítulo, mapeamos alguns aspectos do desenvolvimento da linguagem cinematográfica. Não é nossa intenção fazer aqui uma história do cinema, mas discutir aspectos de seu surgimento que nos permitam compreender por que a *sétima arte* adquiriu o *status* de bem cultural.

Ao observar a história das políticas governamentais e das reformas educacionais, apresentamos o potencial do filme para a educação do conhecimento histórico. Dimensionamos, assim, o processo de formação e capacitação do professor frente à relação cinema-história.

Breve história do surgimento do cinema

O cinema registra imagens e as projeta de modo a criar um sentido para o que se vê. Seu desenvolvimento, ao final do século XIX, dialoga com outras invenções tecnológicas do período, especialmente com a fotografia.

> O primeiro artefato de projeção de gravuras no Ocidente teria sido a *lanterna mágica*, invento datado de meados do século XVII, utilizada como entretenimento em shows de mágica e luz.

O mecanismo é uma câmara escura com pequena abertura, por onde a luz de uma vela projeta gravuras pintadas em lâminas de vidro, sendo uma imagem estática e outra móvel, cuja manipulação cria a ideia de imagem em movimento.

Tipos de lanterna mágica

© The Magic Lantern Society 2007. Todos os direitos reservados

O primeiro registro do funcionamento da *lanterna mágica* se encontra no livro *Ars magna lucis et umbrae*, de 1646, do padre jesuíta alemão Athanasius Kircher. A autoria do invento é atribuída a Christiaan Huygens, um matemático e cientista germânico destacado por estudos sobre astronomia e óptica, que teria desenvolvido o mecanismo em 1650, conforme comentou em correspondência nove anos depois (BERNARDO, 2009).

No século XIX, outros mecanismos para criar divertimento com imagens se popularizaram, como o fenacistoscópio desenvolvido, no início da década de 1830, pelo belga Joseph Plateau. Trata-se de um disco com gravuras pintadas cujo reflexo, ao ser girado em frente ao espelho, cria a ilusão de movimento. Pouco tempo depois, William Horner aprimorou a ideia por meio do zootropo, também conhecido como "tambor mágico". Esse objeto, diferentemente do fenacistoscópio, permitia que mais pessoas pudessem se iludir com as *imagens vivas*, ao afixá-las em um cilindro que, quando girado, também proporcionava a sensação de movimento aos observadores.

Nesse contexto em que a imagem era um objeto de curiosidade, diversão e ciência, o desenvolvimento da fotografia foi célere. Após o registro heliográfico da *Vista da janela em Le Gras*, feito por Joseph Niépce, em 1826, a adoção do iodeto de prata para revelar a imagem capturada representou um passo importante, facilitando a prática por meio do daguerreótipo, aparelho que registrava uma única imagem, sem possibilidade de reprodução.

> Em 1839, o daguerreótipo, inventado por Louis Jacques Mandé Daguerre, foi apresentado ao público. Trata-se de uma câmara escura onde uma placa de prata, preparada quimicamente, captura a imagem a partir de reações que escurecem os pontos com maior incidência de luz e mantêm em branco aqueles não iluminados. O aparelho permitia registrar uma única imagem por vez, sem possibilidade de reprodução. O princípio de funcionamento do daguerreótipo e seu uso generalizado nas décadas de 1840-1850 fizeram do aparelho uma espécie de protótipo das máquinas fotográficas.
>
> Daguerreótipo
>
>
>
> By Liudmila & Nelson, via Wikimedia Commons

Na década de 1860, foi aperfeiçoado o fuzil fotográfico, por Auguste Leprince, popularizando a câmera fotográfica, pois permitia o uso de películas perfuradas como rolo fílmico. As descobertas científicas do período impulsionaram inventos ligados ao registro de imagens.

Elaborado na década de 1820, o princípio físico da persistência retiniana, que estabelecia o tempo necessário para a permanência de uma imagem na visão humana, foi essencial para o desenvolvimento do cinema. Com esse dado, a cinematografia trabalhou, num primeiro momento, com o parâmetro de sucessão de 16 quadros por segundo (qps) para provocar no espectador a sensação do movimento. A partir dos filmes sonorizados, as câmeras adotaram a velocidade de 24qps. Apesar de essa taxa ter se tornado referência para as filmagens no século XX, também foram realizados filmes com taxas maiores, como 36qps. Em 2012, o diretor Peter Jackson produziu **O Hobbit: Uma jornada inesperada** na velocidade entre 48-60qps – o limite suportado pela visão humana.

A confluência das descobertas científicas com as invenções de máquinas para registrar e projetar a imagem marca o início da história do cinema. A variedade de técnicas e de processos referentes à projeção de imagens em movimento aconteceu, simultaneamente, em distintas regiões do mundo. Por isso, os historiadores do cinema tendem a relativizar a existência de uma data inaugural para o invento (BERNARDET, 1995; COSTA, 2008).

Entre as certidões de nascimento atribuídas ao cinema, destaca-se o papel de Thomas Edison, que patenteou em 1891, nos Estados Unidos, o cinetoscópio. Seu aparelho é uma caixa individual de projeção interna de filmes que se tornou popular entre trabalhadores, que procuravam os *nickelodeons* para se divertirem nas máquinas alocadas em galpões pelo preço de 1 níquel (*"a nickel"* – moeda norte-americana de 5 centavos).

Na Europa, os irmãos Max e Emil Skladanowsky também são lembrados por terem projetado, em Berlim, um filme de 15 minutos, em novembro de 1895, apesar de alguns contratempos na exibição para o público.

a- Ilustração do funcionamento interno do cinetoscópio.
b- Fotografia de nickelodeons em São Francisco/EUA, em 1899.

A responsabilidade de inventores do cinema, todavia, é frequentemente associada aos irmãos Lumière. Em parte, essa atribuição se deve aos filmes que realizaram no período e também à popularização do maquinário envolvido no negócio. Eles inventaram o cinematógrafo, aparelho mais prático e acessível do que o cinetoscópio das empresas Edison.

Portátil, o cinematógrafo não carecia de eletricidade, era de fácil operação, filmava e projetava, tornando-se mais interessante economicamente aos comerciantes que se aventuravam nesse novo viés de negócios do entretenimento. Além disso, a família Lumière atuava no mercado de fotografia, aproveitando a rede de distribuição de filmes e câmeras já estabelecida. Somando o lado técnico e econômico do cinematógrafo à capacidade de promoção do invento, destacam-se os filmes produzidos pelos irmãos Lumière como justificativa para lhes conferir a paternidade do cinema.

Em 28 de dezembro de 1895, na cidade de Paris, os irmãos Louis e Auguste Lumière promoveram um evento cuja repercussão ultrapassaria as fronteiras francesas, alcançando, em um movimento relativamente crescente, os demais continentes. Naquele dia, as 33 pessoas presentes no Grand Café assistiram à bem-sucedida exibição de filmes realizados pelos irmãos Lumière, sendo consideradas o primeiro público de cinema (JEANCOLAS, 2004).

Aos poucos, filmagens e projeções foram iniciadas em outras cidades. No Brasil, atribui-se a Afonso Segreto, italiano residente no país, a autoria do primeiro filme nacional. Essa relação se deve aos negócios da família Segreto; seu irmão, Paschoal, atuava no ramo de jogos e diversões, e inaugurou o Salão de Novidades Paris, no Rio de Janeiro, configurando-se como o maior produtor e exibidor regular de filmes no final do século XIX e primeira década do século XX no Brasil.

Trabalhando na empresa da família, o caçula Afonso se voltou para o setor de filmes. Em 1898, viajou para Nova Iorque para comprar fitas, seguindo, depois, para a França, onde estagiou na Pathé Filmes. Ao retornar, trouxe em sua bagagem um *cinematógrafo Lumière*. Em 19 de julho de 1898, ainda a bordo do navio, teria filmado os fortes da Baía de Guanabara, naquela que é considerada a primeira filmagem feita no país. Contudo, inexistem registros da exibição pública desse filme de Segreto, mesmo sendo seu irmão o proprietário de um espaço de exibição de filmes.

Pesquisas recentes indicam que, em 1897, já haviam sido registrados filmes no país, como Maxixe, realizado por Vitor di Maio (SIMIS, 2008; SOUZA, 1993). Independentemente da legitimidade da certidão de nascimento da invenção do cinema, ou mesmo da autoria dos primeiros filmes produzidos no Brasil, pode-se inferir o impacto provocado pelas primeiras projeções fílmicas.

Sobre o que versavam esses filmes? Apresentavam cenas do cotidiano. Ou seja, em função dos recursos técnicos disponíveis as filmagens eram curtas, geralmente com a câmera fixa capturando, por meio de plano panorâmico, pessoas em suas atividades rotineiras.

As projeções dos irmãos Lumière ilustram o gênero fílmico desse primeiro cinema. Em A saída dos operários da fábrica Lumière (1895), por exemplo, os operários são filmados deixando o prédio através dos portões. Inicialmente, as mulheres passam pela câmera, mas aos poucos homens preenchem o quadro, também invadido por alguns cães. Os trabalhadores seguem em sua maioria a pé, mas bicicletas, cavalos e carruagens são vistos como meio de transporte. Muitos encaram o homem da câmera e chegam a saudá-lo com seus chapéus. Essa perspectiva de filmagem reverberava em filmes realizados por outras pessoas, inclusive em outros países. No Brasil, o aspecto testemunhal parece se repetir nas filmagens, desde as realizadas por Afonso Segreto (ainda que sem registro de exibição), em 1898.

A saída dos operários da fábrica Lumière (1895)

Domínio Público

A disseminação do ato de filmar levou à variação dos registros, que passaram a captar também cenas de famílias e personalidades políticas e, gradativamente, temas recreativos e artísticos. Essa tendência foi seguida nas produções fílmicas, como é observado nos títulos das produções dos irmãos Segreto entre 1898-1901.

> Esses filmes se constituíam de fitas de curta duração, compostos de planos autônomos, que abordavam, inicialmente, os rituais e os representantes do poder, geralmente aparições dos presidentes da República, e o movimento das tropas, nitidamente fazendo parte da política de boa vizinhança que Paschoal possuía com as elites do país, [...] ou que documentavam partes e atividades pitorescas da cidade. [...] Progressivamente surgem fitas que tinham como tema espetáculos artísticos, cômicos, coreográficos ou musicais (MOURA *in* RAMOS, 2004, p. 502).

Em fins do século XIX, a euforia em torno do progresso e da tecnologia, que empolgava a população dos grandes centros urbanos, parece ter encontrado no cinema um digno representante. No entanto, o cinema também encontrou resistências quanto ao seu valor como produção artística de qualidade, especialmente entre intelectuais. O poeta brasileiro Olavo Bilac, por exemplo, se manifestou na *Revista Kosmos*, em 1906, criticamente à difusão do cinema pelas ruas do Rio de Janeiro e à qualidade do espetáculo.

> Já há na Avenida Central quatro ou cinco cinematógrafos; e, além das casas especialmente destinadas para esses espetáculos, já a mania cinematográfica invadiu todos os teatros e tomou conta de todas as paredes e de andaimes em que é possível estirar um vasto quadrado de pano branco [...]. E daqui a pouco, não poderemos dar um passo pela cidade, sem encontrar diante dos olhos um desses lençóis alvos em que as cenas da vida humana aparecem deformadas pelo tremor convulsivo da fita, e onde as figuras de homens e de mulheres aparecem atacadas de *delirium-tremens* ou de coreia, numa trepidação epilética.
> – Declaração de Olavo Bilac (*Revista Kosmos*) (BERNARDET, 1995, p. 75).

Não obstante as críticas feitas, sobretudo por artistas e intelectuais, quanto à qualidade das apresentações fílmicas que se popularizavam, esse mesmo grupo foi essencial para requalificar o trabalho cinematográfico e seu prestígio social. Ricciotto Canudo se destaca no desenvolvimento da crítica cinematográfica com a publicação do *Manifesto das Sete Artes* (1911), no qual reivindicava o cinema como *sétima arte* – aposto que passou a designá-lo (XAVIER, 1978).

A arte cinematográfica se estabelece também na profissionalização, considerando a definição do crítico Louis Delluc de que o cineasta era o "artista que se expressasse por imagens" (CUNHA, 2004, p. 25). Na década de 1920, as revistas que falavam sobre o cinema já o consideravam como uma expressão artística válida.

Associado ao desenvolvimento de uma indústria da cultura, o aprimoramento da técnica de produção e da linguagem narrativa ajudam a explicar a inserção do cinema como valor cultural. Compreender alguns momentos marcantes do desenvolvimento da história do cinema permite dimensionar a aproximação entre a produção fílmica e a educação. O potencial dessa aproximação pode ser pensado na própria história do cinema, ultrapassando a prática mais recorrente de explorar o período ou temática histórica abordada pelo filme.

Momentos e tendências do cinema

O breve panorama que se segue procura sinalizar alguns períodos da cinematografia, estimulando reflexões sobre a interface cinema e história. Os filmes produzidos durante a primeira década da história fílmica são classificados como *cinema de atrações*, pois procuravam mais maravilhar do que propriamente narrar uma história. Afinal, essa era a expectativa do público que frequentava as feiras e parques, locais onde os filmes eram exibidos (Gunning, 1990; Costa, 2008).

Esses filmes eram caracterizados por uma narrativa que supervalorizava filmagens autônomas. Conforme a ideia do cinema de atrações, cada filmagem visava a destacar um elemento visual, despertando a atenção do espectador ao aspecto maravilhoso da própria imagem em movimento. Por isso, ao assistir a esses filmes décadas depois, tem-se a sensação de uma narrativa fragmentada e descontínua, sem precisão temporal (Costa, 2008).

O início do século XX, contudo, foi também um período de experimentos, destacando-se aqueles relacionados à organização das filmagens temáticas, mesmo porque, cada vez mais, tais experimentos objetivavam contar uma história. Pouco mais de uma década após as primeiras filmagens:

> Em 1907, a maioria dos filmes já procurava contar história. As histórias eram impulsionadas por personagens dotados de vontades,

> mas os espectadores tinham dificuldades para visualizar motivações e sentimentos. Além disso, o público não conseguia entender claramente as relações espaciais e temporais entre os planos. O período de transição, entre 1907-1913/15, verá o desenvolvimento das técnicas de filmagem, atuação, iluminação, enquadramento e narrativas. Com atuações menos afetadas e o uso mais frequente de intertítulos, são criados personagens mais verossímeis, mais próximos da literatura e do teatro realistas do que os personagens histriônicos do cinema de atrações. O uso mais frequente da montagem e a diminuição da distância entre a câmera e os atores diferenciam o período de transição do cinema de atrações (Cunha, 2004, p. 41).

Nessa transição os temas históricos já inspiravam a produção de filmes durante o chamado "primeiro cinema". Pouco antes da década de 1910, por exemplo, a companhia francesa Film d'Art realizou filmagens nessa direção, como **O assassinato do duque de Guise** (1908), de André Calmettes, enquanto na Itália Giovanni Pastrone produziu **Cabiria** (1914).

O assassinato do duque de Guise (1908)

Cabiria (1914)

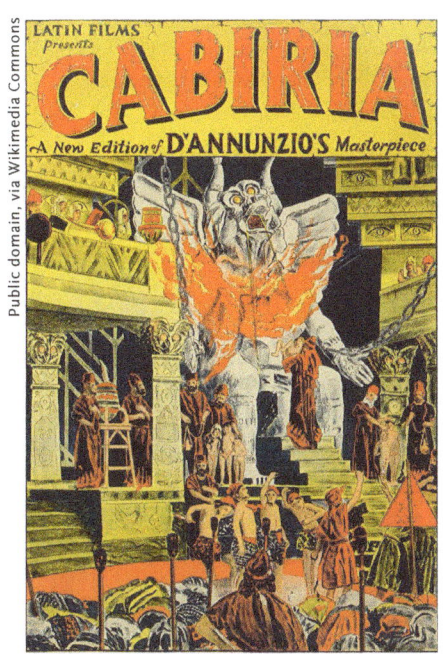

Public domain, via Wikimedia Commons

Nesse momento os filmes resultam das imagens seguidas de legendas e acompanhadas por música tocadas ao vivo. O diretor norte-americano David W. Griffith é frequentemente lembrado como inovador no fazer o cinema. Em 1915, ele lançou o seu mais conhecido trabalho: **O nascimento de uma nação**, cuja história se desenrola durante a Guerra Civil Americana e o período da reconstrução. Abordar a constituição dos EUA como nação explica, em parte, o grande sucesso alcançado junto ao público. Entretanto, acredita-se que a maior força do filme decorre da maneira como o diretor constrói sua história. Os críticos do período reconheceram essa força narrativa e o trabalho de Griffith foi considerado um marco para as transformações cinematográficas (VALE, 2012).

> Apesar de acentuadamente racista, o filme de Griffith permanece uma referência para a linguagem cinematográfica. Ainda que se discuta o pioneirismo no uso de técnicas como montagem paralela, plano americano, *flashback* e panorâmica, Griffith as

desenvolveu visando a uma montagem imperceptível, no chamado princípio do "discurso da transparência" (Xavier, 2008).

O nascimento de uma nação (1915)

Charles Chaplin é outro exemplo de diretor que frequentemente se apropriou da temática histórica em seus filmes. Ao menos três de seus títulos abordam temas da história do tempo presente, sendo esses uma crônica crítica dos acontecimentos: **Carlitos nas trincheiras** (1918, originalmente *Shoulder arms*), **Tempos modernos** (*Modern times*, 1936) e **O grande ditador** (*The great dictator*, 1940). Desses, *Shoulder arms* exemplifica o desenvolvimento da narrativa cinematográfica tematizada pela História em meados da década de 1910. Mantendo seu já consolidado estilo de fazer comédia, o filme conta a história do recruta Carlitos (interpretado por Chaplin), que, em sonho, torna-se um herói da Primeira Guerra Mundial. Por meio de situações extraordinárias e risíveis, o diretor tece críticas aos combates que se arrastavam pelas trincheiras abertas na Europa desde 1914, tornando-se um cronista que usa o cinema para narrar a história do seu tempo.

a- Carlitos nas trincheiras (1918)
b- Tempos modernos (1936)
c- O grande ditador (1940)

Temas históricos eram representados na tela pelos cineastas de modo a problematizar, muitas vezes, o próprio tempo presente. Ultrapassava-se o registro do acontecimento pela câmera, com intenção documental. A história, seja por um tema do passado ou do tempo presente, podia ser abordada como exemplificado, respectivamente, pelos filmes de David Griffith e Charles Chaplin.

Cineastas russos, como Lev Kulechov, Dziga Vertov e Sergei Eisenstein, usaram o cinema como contribuição para o projeto político e ideológico bolchevique, da guerra civil à consolidação do novo governo. A atuação desse grupo foi importante para reflexões ao fazer cinematográfico, sobretudo quanto à montagem. Kulechov entendia que o significado da imagem não era intrínseco a ela, pois dependia da sua contextualização. Vertov, por sua vez, desenvolveu os conceitos "cinema-verdade" e "cinema-olho" ("kino-pravda" e "kino-glaz"), defendendo a percepção da fiabilidade do "olho da câmera", que nos oferece algo além do olho humano, aproximando a intenção do filmar com a captura da realidade pela sensação. Eisenstein, por outro lado, supervalorizou as técnicas de montagem, a representação, o ficcional e o simbolismo da imagem decorrente das suas superposições como geradores de significado da narrativa enquanto processo dialético.

A sonorização dos filmes é outro marco na história do cinema. De fato, os filmes não eram mudos, mas silenciosos, já que cartelas textuais (textos escritos manualmente e filmados por uma câmera) narravam o filme entre planos, além do aspecto musical geralmente executado ao vivo por grupos em sincronia com a projeção. No final da década de 1920, são registradas inserções sonoras no desenvolvimento da película, sendo **O cantor de jazz** (1927), dirigido por Alan Crosland, considerado o primeiro filme a usar em larga escala falas e música sincronizadas em sua narrativa. A novidade precisou superar resistências, mas em pouco mais de uma década o filme sonorizado se tornou uma realidade e revolucionou a história do cinema.

O cantor de jazz (1927)

> Espectadores compareceram em peso à estreia de **O cantor de jazz**, Nova Iorque, em 6 de outubro de 1927. No cartaz, percebemos o *blackface* (rosto negro): atores brancos eram maquiados para interpretar personagens negros, prática recorrente nos EUA segregacionista. Percebemos, também, o destaque ao "Vitaphone", recurso que permitiu a sonorização do filme. Apesar da inicial resistência ao filme sonoro, especialmente entre produtores, atores, músicos e exibidores, a novidade agradou ao público.

Outras discussões relevantes para a linguagem do cinema prosseguiram àqueles anos, contudo, considera-se que os princípios fundadores da linguagem fílmica e sua relação com temas históricos se alicerçam nesse período.

Historiadores se esforçam para aprofundar o conhecimento da história da cinematografia aqui no Brasil. As pesquisas nacionais superam dificuldades como o desparecimento de boa parte dos filmes aqui produzidos no chamado período do "cinema silencioso" e na transição para o "filme sonoro".

Como não poderia deixar de ser, o desenvolvimento da indústria fílmica brasileira está imbrincado ao processo internacional, sobremaneira norte-americano. O aspecto financeiro é um obstáculo sempre presente e ajuda a entender algumas dificuldades para o estabelecimento da indústria cinematográfica nacional. Os incentivos pontualmente proporcionados levavam ao desenvolvimento temporário e localizado de produções, os chamados ciclos de cinema.

O contexto da sonorização fílmica exemplifica os contratempos para o estabelecimento de uma produção nacional estável. Produções locais continuavam sendo exibidas, mesmo precariamente, pois as salas de projeção encontravam dificuldades para exibir filmes estrangeiros diante dos problemas decorrentes do idioma no filme sonoro. Contudo, logo a indústria cinematográfica norte-americana superou os obstáculos, por meio de investimento, e passou a ocupar o mercado de exibição nacional com seus títulos.

No Brasil, a força da indústria fílmica dos Estados Unidos se fazia presente tanto nas salas de projeção, quanto nas revistas nacionais de cinema. A principal referência era a *Cinearte*, que dedicava grande espaço à produção norte-americana, contribuindo para desenvolver o culto aos artistas como grandes estrelas (exemplares da *Cinearte* [1926-1942] e *Scena Muda* [1921-1955] foram digitalizados e estão disponíveis no *site* <www.bjksdigital.museusegall.org.br/index.html>). Até mesmo o modelo de Hollywood como centro produtor de filmes se tornou referência: seu padrão estimulou a criação de companhias cinematográficas como a **Cinédia** (desde 1930), a **Atlântida** (1941-1962) e a **Vera Cruz** (1949-1954).

Inspiradas pelo sucesso dos musicais hollywoodianos, as produtoras brasileiras criaram um estilo próprio: as *chanchadas*, cujo período áureo foi na década de 1950. Nessas comédias populares, cantores do rádio compartilhavam cenas com artistas de grande aceitação do público.

Sinhá Moça (1953)

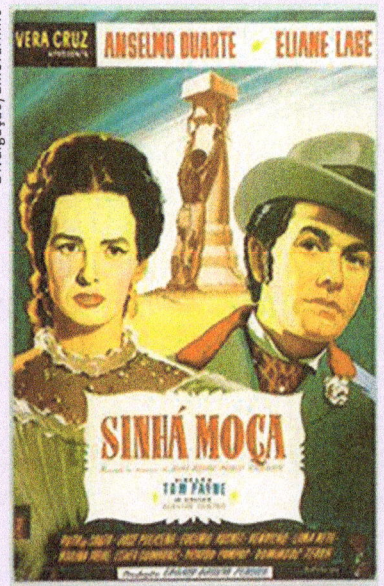

Mas nem só de chanchada viveu o cinema nacional da época. Outros tipos de filmes foram produzidos, entre eles **Sinhá Moça**, uma história baseada no romance homônimo de Maria Dezonne

> Pacheco Fernandes, dirigido por Tom Payne, em produção da Vera Cruz, em 1953. A popularidade alcançada pela filmagem da história de amor entre a jovem abolicionista Sinhá Moça e Rodolfo, filho do escravocrata Barão de Araruna, levou a Rede Globo a fazer duas telenovelas: uma em 1986 e a 2ª versão em 2006.

Após a Segunda Guerra, o cinema norte-americano se consolida como indústria de influência mundial. Na Europa em reconstrução, países com tradição cinematográfica promovem revisões sobre o "fazer cinema", enquanto o cinema russo estabelece produções atreladas à ideologia do Estado soviético.

Nesse cenário, o neorrealismo italiano priorizava o tempo presente como temática e inaugurava um novo tratamento estético ao produzir filmes que se aproximavam do espectador por abordar aspectos do cotidiano. Jovens cineastas franceses também proporcionaram renovações na história cinematográfica ao desenvolverem, a partir dos últimos anos da década de 1950, uma nova concepção de cinema que ficou conhecida como *Nouvelle Vague* (nova onda). Inseridos no contexto libertário e contestador dos anos 1960, diretores como Claude Chabrol (**Nas garras do vício**, originalmente *Le Beau Serge*, 1959), François Truffaut (**Os incompreendidos**, originalmente *Les 400 coups*, e **Jules e Jim**, 1959 e 1962, respectivamente) e Jean-Luc Godard (**Acossado**, originalmente *À bout de souffle*, e **Week-End à francesa**, originalmente *Week End*, 1959 e 1967, respectivamente) contestavam a sociedade em seus costumes, valores e política por meio de representações fílmicas que, por sua vez, questionavam as práticas e estruturas de filmagem até então existentes.

Revistas especializadas, como a *Cahiers du Cinéma*, existente desde 1951, reverberavam as proposições intelectuais da *Nouvelle Vague* em exemplares que se tornaram importantes fontes para o entendimento do cinema francês e mundial do período.

A *Nouvelle Vague* marcou profundamente a história do cinema. Por meios dos filmes e dos textos produzidos por seus integrantes, influenciou diretores e espectadores em escala mundial.

a) **Nas garras do vício** (1959), b) **Os incompreendidos** (1959),
c) **Jules e Jim** (1962), d) **Acossado** (1959),
e) **Week-End à francesa** (1967)

No Brasil, os cineclubes foram fundamentais para a divulgação de filmes, especialmente os da *Nouvelle Vague* e do neorrealismo italiano, o que contribuiu para a formação de seus frequentadores, muitos dos quais passariam a se dedicar ao cinema. A influência estrangeira, somada ao polarizado contexto político e cultural vivenciado no final dos anos 1950, quando projetos de país eram debatidos, impactou a produção cinematográfica nacional. As contradições sociais e econômicas, perceptíveis tanto no mundo rural quanto nos crescentes centros urbanos, tornavam-se objeto de atenção dos novos cineastas.

Em 1963, foram lançados **Os fuzis** (Ruy Guerra), **Vidas secas** (Nelson Pereira dos Santos) e, no ano seguinte, **Deus e o Diabo na terra do sol** (Glauber Rocha), que se tornaram marcos do chamado **Cinema Novo**. A produção desse Cinema Novo se destacou na cinematografia brasileira por procurar desenvolver perspectivas inovadoras, como uma maneira de pensar o Brasil a partir da estética, da narrativa e da abordagem de temas sociais (XAVIER, 1993; BERNARDET, 1978; VIANY, 1999). Seus diretores problematizavam a história do Brasil no tempo presente, fazendo da estética fílmica uma arte política.

> O Cinema Novo foi o primeiro e provavelmente o único movimento cinematográfico brasileiro, tomando a palavra no sentido em que ela é empregada no caso de movimentos da vanguarda intelectual ao longo do século XX. Foi algo mais do que um grupo ou uma geração, apesar de às vezes ter atuado como um grupo de pressão para impor uma nova promoção de cineastas. Também não foi uma escola estética, pois tinha na pluralidade de personalidades e expressões uma das suas marcas registradas. [...] O Cinema Novo nasce livre de uma fórmula industrial pelo fracasso das experiências dos anos 50. [...] O Cinema Novo propícia uma ruptura com o passado. [...] O Cinema Novo está sintonizado com o que acontece no resto do mundo: a crise do sistema de estúdios e dos cinemas de gênero precipita a implosão dos códigos narrativos tradicionais (PARANAGUÁ *in* RAMOS, 2004, p. 144-146).

Em 2016, Eryk Rocha lançou **Cinema Novo**, "um ensaio impressionista de um novo estilo, que nos lembra que o cinema pode ser, ao mesmo tempo, político e sensual, poético e comprometido, formal e narrativo, ficcional e documental" (Júri do Festival de Cannes ao premiar o filme com o Olho de Ouro). O documentário, construído a partir de ampla documentação, entrevistas e compilações de trechos das obras, oferece um excelente panorama sobre movimento cinematográfico.

> **"Uma ideia na cabeça, uma câmera na mão"**
>
>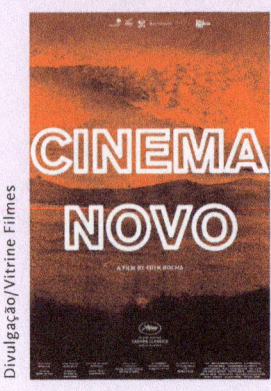
>
> O filme de Eryk Rocha é uma boa referência para professores, estudantes e espectadores em geral que estão em contato inicial com o Cinema Novo, bem como para a compreensão de algumas questões cinemanovistas.

Apesar do golpe civil-militar de 1964, que instituiu uma longa ditadura, esses cineastas continuaram a produzir. Mesmo naquele cenário de restrição de liberdades de expressão, o grupo soube aproveitar espaços estatais, como as linhas de financiamento para viabilizar projetos fílmicos da **Embrafilme** (Empresa Brasileira de Filmes, 1969-1992) – principal agente produtor brasileiro do período. Não obstante, a proposta inicial do Cinema Novo perdeu fôlego. Alguns nomes ligados ao grupo redirecionam sua produção, somando-se a novos diretores que procuravam maior ligação com o mercado exibidor, enquanto outros estabeleciam o que ficou conhecido como *cinema marginal* – cuja temática estava concentrada no cotidiano das ruas –, ou mesmo uma releitura das comédias de chanchadas, e seu aspecto marginal, acrescida de abordagem sexual, batizada como *pornochanchada*.

Nos anos seguintes, após a Ditadura, houve um enfraquecimento em relação ao sistema de produção, especialmente pela crescente crise da Embrafilme, cujo ápice culminou em sua extinção em 1992, em decorrência da política neoliberal do presidente Fernando Collor. A recuperação da produção e do mercado se processou lentamente, sendo importantes nesse contexto as políticas de fomento à cultura e as produções independentes e de menor circulação. Nessa década de recuperação da produção cinematográfica nacional, o público acompanhou lançamentos menos comerciais, como **Amarelo manga**,

Baixio das bestas (ambos dirigidos por Cláudio Assis, em 2002 e 2006, respectivamente), e também títulos que foram sucessos de bilheteria, como **Carlota Joaquina** (Carla Camurati, 1995), **O que é isso, companheiro?** (Bruno Barreto, 1997), **Guerra de Canudos** (Sérgio Rezende, 1997), **Central do Brasil** (Walter Salles, 1998) e **Cidade de Deus** (Fernando Meireles, 2002), caracterizando o chamado **Cinema da Retomada**, nome que designou as produções desse período.

Carlota Joaquina provocou muita polêmica pela representação cômica e caricatural do Período Joanino no Brasil. A diretora recebeu muitas críticas, inclusive de historiadores, de que o filme atrapalhava a compreensão desse período histórico. Com o passar dos anos, sua inserção nas aulas de História é frequentemente trabalhada como uma contra-análise.

Uma década após a extinção da Embrafilme, esse cenário de recuperação do cinema nacional se consolidou. Diante das novas relações de mercado, a produção brasileira procura se firmar no imbricado e problemático espaço da produção e distribuição, ocupando parte do mercado que permanece dominado pelas produções norte-americanas de grandes bilheterias e uma restrita cadeia de distribuidores/exibidores.

Persiste a experimentação do circuito independente, necessária à renovação de propostas fílmicas. Alguns trabalhos mais à margem da estrutura produção-distribuição têm conseguido amplo alcance e estabelecido debates, como O som ao redor e Aquarius (Kleber Mendonça Filho, 2012 e 2016, respectivamente); Hoje eu quero voltar sozinho (Daniel Ribeiro, 2014); Que horas ela volta (Anna Muylaert, 2015).

A difícil mas imprescindível oxigenação na produção fílmica nacional, que permite o aparecimento de novos diretores, novos produtores e novas ideias, ocorre concomitantemente ao aperfeiçoamento profissional e econômico nas produções do setor. Alguns títulos têm conseguido atingir a casa dos milhões de espectadores, sobretudo as comédias, como Se eu fosse você (Daniel Filho, 2006), Cilada.com (José Alvarenga Júnior, 2011), Minha mãe é uma peça (André Pellenz, 2013). Tal feito também é alcançado por títulos de outros estilos como Tropa de Elite (José Padilha, 2007), Meu nome não é Johnny (Mauro Lima, 2008), Chico Xavier (Daniel Filho, 2010) e Somos tão jovens (Antônio Carlos da Fontoura, 2013).

A tecnologia tem alterado a forma de se filmar. O cinema digital tem levado os efeitos especiais a um espaço mais central nas produções atuais, como atestam os recursos direcionados a esse setor. Tornam-se mais comuns filmagens com os chamados cromaquis (*chroma key*), técnica caracterizada pela filmagem das interpretações em fundo azul/verde, isoladamente, para posterior acréscimo de cenário e outros elementos por efeitos computadorizados.

É certo que a alta tecnologia favorece o aperfeiçoamento da sensação de realidade, perseguido desde o século XIX, conforme visto. Atualmente, o cinema em três dimensões (3D) tem realizado parcialmente o fetiche do realismo, desejado naqueles minutos em que se passa no escuro do cinema, apartado do mundo real e seus barulhos, quando o espectador mergulha na história narrada. Possibilidades ainda mais realistas estão em desenvolvimento, como as salas experimentais do:

> Cinematrix Smart Theater, em Israel, [onde] o espectador é envolvido por imagens tridimensionais, às quais assiste acomodado em poltronas equipadas com controles interativos digitais, capazes de mover-se e de emitir odores e jatos de água, e com alto-falantes próprios. É o chamado "cinema em quatro dimensões" (4-D cinema: ver, ouvir, sentir, pilotar), que hoje ainda se configura eminentemente como instrumento educativo – mas que provável e rapidamente irá ser apropriado pela indústria do entretenimento (FELINTO, 2008, p. 419).

Os parâmetros decorrentes do uso de tecnologia de ponta certamente são difíceis de serem acompanhados por quem está à margem da cadeia de estúdios produtores e financiadores. Por outro lado, as inovações tecnológicas tornam mais acessíveis os mecanismos de filmagem e edição. Câmeras digitais permitem filmagens mais baratas por dispensarem o caro material fílmico, enquanto programas de edição transformam computadores domésticos em ilhas de edição. O cinema de animação, por exemplo, aproveita essa nova perspectiva e se constitui em um crescente mercado. Outro segmento da produção cinematográfica que aproveitou a renovação de tecnologias e se fortalece é o documentário.

No caminho percorrido até aqui, observamos as possibilidades da educação do olhar a partir da própria história do cinema. Notamos o potencial educativo da análise dos momentos e tendências do cinema. Por meio desse breve panorama, acreditamos refinar a compreensão dos estilos fílmicos, em trabalhos orientados pedagogicamente, a partir das diversas fases da história do cinema.

A educação recebe o cinema: políticas governamentais e reformas educacionais

A dimensão de realismo das imagens presente nas ações dos primeiros cinegrafistas foi logo apropriada pelos governos para fins político-educativos. Esse movimento e seu impacto social são perceptíveis na Primeira Guerra Mundial, quando governos beligerantes passaram a registrar imagens das batalhas e dos soldados com fins propagandísticos (FERRO, 1992).

Após o conflito, essa relação continuou a ser refinada. Diante dos avanços técnicos e estéticos do período entre guerras, autoridades e educadores perceberam que o cinema poderia ser útil aos projetos de governo. Pioneiro em atrelar a propaganda estatal ao cinema para uso aplicado nas escolas, o líder fascista italiano Benito Mussolini incentivou a criação do **LUCE (L'Unione Cinematografica Educativa)**, em 1924.

A proposta ganhou adeptos na Liga das Nações, que recomendava aos seus signatários seguir o exemplo italiano. Nessa organização internacional o empreendimento contava, inclusive, com a **Revista Internacional do Cinema Educativo**, publicada em vários idiomas.

Domínio Público

De acordo com Jonathas Serrano, entusiasta da *Revista Internacional do Cinema Educativo*, a publicação da Liga das Nações era um "riquíssimo repositório de informações tiradas de todos os periódicos consagrados ao cinema e constitui a fonte bibliográfica mais interessante e autorizada para o estudo da crescente difusão do cinema educativo" (SERRANO; VENÂNCIO FILHO, 1931, p. 33).

Em 1931, duas publicações são consideradas pioneiras do gênero no país: **Cinema e Educação**, de Jonathas Serrano em coautoria com Venâncio Filho, e **Cinema contra cinema**, de Joaquim Canuto Mendes de Almeida. No Brasil das décadas de 1920-1930 ocorreu um intenso debate referente ao desenvolvimento da educação, que pode ser expresso no **Manifesto dos Pioneiros pela Educação Nova** (1932). Serrano compunha, com outros educadores e intelectuais, o centro das discussões e, entre as proposições estruturais do manifesto, a relação cinema e educação foi significativamente considerada.

As proposições do manifesto não foram plenamente incorporadas pela Presidência da República (com o desdobramento dos acontecimentos políticos dos anos subsequentes que culminaram na ditadura do Estado Novo), mas o governo Vargas impulsionou a utilização dos novos meios de comunicação e entretenimento para a educação.

> Em discurso proferido em 1934, o presidente Getúlio vislumbrava que: "[...] entre os mais úteis fatores de instrução, de que dispõe o Estado moderno, inscreve-se o cinema. Elemento de cultura influindo sobre o raciocínio e a imaginação, ele apura as qualidades de observação, aumenta os cabedais científicos e divulga o conhecimento das coisas. [...] Para as massas de analfabetos, será essa a disciplina pedagógica mais perfeita, mais fácil e impressiva. Para os letrados, para os responsáveis pelo êxito da nossa administração, será uma admirável escola" (VARGAS apud SIMIS, 2008, p. 29-30).

Como se percebe, a visão do presidente Getúlio Vargas sobre o cinema era otimista. Ele enxerga e destaca seu potencial para uma ampla educação. Para Vargas, aprimoramento do raciocínio, da imaginação, da observação, da difusão científica e do conhecimento geral são qualidades inerentes à educação fílmica.

No início do ano de 1937, antes da implantação do Estado Novo, Vargas sancionou a Lei n. 378, voltada para a reforma do Ministério da Educação e Saúde. Essa lei instituía, pelo Artigo 40º, o **INCE (Instituto Nacional de Cinema Educativo)**, "destinado a promover e orientar a utilização da cinematografia, especialmente como processo auxiliar do ensino, e ainda como meio de educação popular em geral".

> A Cinemateca Brasileira (<www.cinemateca.gov.br>), por meio do link da base **Banco de Conteúdos Culturais** (BCC), disponibiliza, para serem assistidos na internet, filmes produzidos pelo Instituto Nacional de Cinema Educativo (INCE). O BCC também possui registros da Atlântida Cinematográfica, Companhia Cinematográfica Vera Cruz, TV Tupi (telejornalismo e telenovelas), filmes do período inicial do cinema, além de galeria de fotos e cartazes de obras nacionais e estrangeiras.

Notadamente inspirado no LUCE, o INCE muito contribuiu para a ditadura varguista iniciada com o golpe do Estado Novo, que soube aproveitar os meios de comunicação como mecanismos privilegiados de divulgação de propaganda e controle da circulação de ideias, como atesta a criação do **DIP (Departamento de Imprensa e Propaganda)**, em 1940 (CAPELATO, 1998; DUTRA, 1997; OLIVEIRA, 2003).

O INCE funcionou por 30 anos, de 1937 a 1967. Sheila Schvarzman (2004) propõe sua compreensão em duas fases principais:

> **1ª) De 1937 até 1947**, quando foi dirigido por Roquette-Pinto, e teve Humberto Mauro como responsável técnico, assinando, por isso, grande parte dos filmes produzidos. Nesse período, predominaram obras que exaltavam a natureza brasileira e abordagens com caráter científico.
> **2ª) De 1947 até 1966**, quando foi dirigido por Pedro Gouvêa (até 1961) e por Flávio Tambellini (de 1961 a 1966). Nessa fase a cultura popular e interiorana ganhou destaque nos novos filmes.

A realização de filmes que colaborassem para o ensino dos conteúdos curriculares e a capacitação metodológica do docente com a nova linguagem faziam parte dos objetivos do INCE. Apesar de o universo escolar ser a principal preocupação, a concepção seguida pelo órgão para o cinema educativo era orientada pelo Decreto n. 21.240, de 1932, que considerava não somente o filme com intuito de divulgação de conhecimentos científicos, mas também "[...] aqueles cujo conhecimento musical ou figurado se desenvolver em torno de motivos artísticos, tendentes a revelar ao público os grandes aspectos da natureza ou da cultura". Diretor do INCE, Humberto Mauro dirigiu dois bons exemplos de filme histórico nos parâmetros desse instituto: **O descobrimento do Brasil** (1937) e **Os Bandeirantes** (1940) (MORETTIN, 2013).

O INCE, embora priorizasse o ambiente escolar, também considerava em suas ações o espaço não escolar – um exemplo são os **cinejornais** exibidos nas salas de cinema antes das sessões –, mesmo sua produção ficando concentrada no Departamento de Imprensa e Propaganda (DIP) e ser encomendada a produtores particulares.

> Cinejornais são materiais fílmicos com larga circulação no país e de produção constante desde a segunda década do século XX até 1980, quando o gênero se esgotou. Os historiadores pouco têm explorado este tipo de documento visual, cuja leitura é tão complexa quanto a dos filmes de ficção. O "Cine Jornal Brasileiro", cinejornal oficial do Estado Novo, foi uma das formas de propaganda do regime ditatorial instituído em 1937. A sua produção foi feita, primeiro, pelo Departamento Nacional de Propaganda – DNP e, depois, pelo Departamento de Imprensa e Propaganda – DIP (SOUZA, 2003, p. 43).

Essa perspectiva do cinema educativo não escolar, exemplificada com os cinejornais, perdurou mesmo após o golpe civil-militar de 1964. O governo autoritário criou o **INC (Instituto Nacional de Cinema)** em 1966. O regulamento do INC, aprovado no ano seguinte, determinava, em seu Artigo 42º, a incorporação do antigo INCE, normatizando especificamente o setor voltado para o cinema educativo (Art. 17º).

No final do ano de 1969, foi criado um órgão de cooperação com o INC: a **Embrafilme (Empresa Brasileira de Filmes)**, cujo objetivo era desenvolver o mercado interno, divulgar e distribuir o cinema nacional no país e no exterior. O novo órgão, porém, gradativamente, tornou-se central na política de estímulo e distribuição da produção cinematográfica nacional, levando o governo militar a extinguir, em 1975, o INC – cujas atribuições foram oficialmente incorporadas pela Embrafilme. O Estatuto Social da Embrafilme, em seu Artigo 5º, Inciso II, mantinha a preocupação com o filme educativo. Ademais, roteiros com temáticas consideradas importantes para a compreensão política e histórica eram avaliados como projetos relevantes.

Portanto, mesmo sob uma nova ditadura (1964-1985), a supressão do INCE não significou o esquecimento do papel do cinema no processo educacional. Coube à Embrafilme fomentar políticas para o desenvolvimento do cinema, a criação do mercado interno e a distribuição internacional. Como empresa estatal mista, a Embrafilme seguia os pressupostos do governo autoritário, ou seja, as diretrizes da **Doutrina de Segurança Nacional (DSN)** e critérios estabelecidos pela *censura*.

> A Doutrina de Segurança Nacional (DSN) expressa a concepção de guerra permanente e integral contra o comunismo. Tem-se a submissão das atividades da nação à sua política de segurança. A DSN serviu como base do regime militar (1964) e contribuiu para a formação do aparato de informações da nossa ordem institucional (BORGES, 2007).

Mesmo com as diretrizes da DSN, a Embrafilme atuou de forma decisiva na produção brasileira nas décadas de 1970-1980, até ser desativada na década seguinte, como parte do projeto de desestatização do governo de Fernando Collor de Mello.

> A produção cinematográfica brasileira foi intensificada durante os anos 1970 e 1980, graças à intensa e direta ação do Estado. [...] De um modo autoritário, evidentemente, mas configurando um sistema articulado de funcionamento. Por outro lado, a ação decisiva de um grupo motivado politicamente à esquerda, composto na sua maioria por integrantes do cinema novo, serviu

> para que a ação governamental fosse dirigida por diretrizes políticas com visada maior do que as orientações oficiais, no interior da agência estatal destinada ao cinema, a Embrafilme. Tal ação instaurou uma nova plataforma nas relações do Estado com o cinema e permitiu que fosse alcançado um largo campo de conquistas no terreno do mercado. Os anos Embrafilme passam a caracterizar um dos ciclos do cinema brasileiro, que ensaiará ultrapassar os princípios do cinema artesanal, propostos pelo Cinema Novo, e a sazonalidade histórica da produção brasileira de longas-metragens, pela adesão a um projeto de um cinema financiado essencialmente pelo Estado, de cunho nacional e popular, distante de uma independência estética, e majoritariamente voltado para a busca de uma eficiência mercadológica (AMANCIO, 2007, p. 173).

Para Roberto Farias, diretor da estatal entre 1974-1979, a Embrafilme contribuiu para o desenvolvimento da indústria nacional do cinema devido à atuação dos próprios cineastas que, mesmo sendo minoria societária (o governo tinha mais de 90% das ações), participavam ativamente das reuniões e forçaram o governo a ouvir as reivindicações da categoria (SELIGMAN, 2006).

Podemos citar alguns filmes coproduzidos pela Embrafilme: Xica da Silva (Carlos Diegues, 1976), Aleluia, Gretchen (Silvio Back, 1976), Anchieta, José do Brasil (Paulo César Saraceni, 1977), A dama do lotação (Neville de Almeida, 1978), Doramundo (João Batista de Andrade, 1978), A idade da Terra (Glauber Rocha, 1980), Gaijin: caminhos da liberdade (Tizuka Yamasaki, 1980), Pixote, a lei do mais fraco (Hector Babenco, 1980), Eles não usam black-tie (Leon Hirszman, 1981), Beijo no asfalto (Bruno Barreto, 1981).

Mesmo que a ênfase educativa não se equipare à prática do INCE, um dos critérios de apoio estabelecido pela Embrafilme à produção cinematográfica era incentivar filmes que abordassem a cultura e a história brasileiras. A potencialidade educativa dos filmes ultrapassa, portanto, sua produção para uso pedagógico, sendo inerente mesmo nas produções comerciais, afinal "[...] o cinema é o campo no qual a estética, o lazer, a ideologia e os valores sociais mais amplos são sintetizados numa mesma obra de arte" (NAPOLITANO, 2008, p. 12).

O governo buscou no cinema um espaço para promover a construção de um imaginário social sobre o passado brasileiro, direcionando a configuração de uma identidade nacional. Entretanto, inúmeros filmes fugiram da expectativa do governo ao apresentar posicionamentos críticos: **Os inconfidentes** (Joaquim Pedro de Andrade, 1972), **Pra Frente Brasil** (Roberto Farias, 1982), entre outros.

Foi lançado, em 1977, o **Programa de Produção de Filmes Históricos** pela Embrafilme – vinculado ao Ministério da Educação e Cultura (MEC), para financiar e estimular a produção cinematográfica e a divulgação de aspectos histórico-culturais brasileiros e, ainda, com a possibilidade de estender o financiamento à produção de séries televisivas. Em telegrama emitido pelo presidente da entidade, Roberto Farias, às associações regionais de cinegrafistas, explicava-se a proposta.

> O Ministério da Educação e Cultura resolveu estimular, através da Empresa Brasileira de Filmes S.A. – EMBRAFILME, um programa de Produção de Filmes Históricos, concedidos dentro de uma perspectiva da afirmação da nossa identidade nacional. Com esse programa o Ministério objetiva não só promover o reencontro do público brasileiro com a riqueza temática de sua história, mas também produzir obras que contribuam para maior elevação do nível artístico-cultural do nosso cinema, mantendo simultaneamente ponderável índice de comunicabilidade.
> (Ofício nº 127/77, Diretoria Geral, 04 de maio de 1977. Fundo: Ancine/Embrafilme, série 110.1/00297, Cinemateca Brasileira/SP)

A Embrafilme justificava sua participação no projeto devido aos elevados custos e complexidade para se produzir filmes com temáticas históricas. Além da verba destinada às proposições, dispunha-se a mediar alocações de patrocínio complementar em empresas públicas e privadas.

O edital da Embrafilme, para os ditos "filmes históricos", exigia um detalhado projeto a fim de verificar a viabilidade da realização da produção. As condições para apresentar um projeto concorrendo nessa linha de crédito são encontradas no Ofício nº 127 da Diretoria Geral, de 4 de maio de 1977, que exigia: roteiro completo, com diálogos e indicativo de ações; relatório da pesquisa histórica realizada; croquis dos figurinos e cenários; orçamento detalhado; cronograma de execução desta fase preliminar cujo prazo máximo era de quatro meses.

Contava-se, portanto, com verba a ser rateada entre os projetos, que deveriam obedecer aos critérios estabelecidos pela empresa, como roteiros construídos a partir de detalhadas pesquisas históricas, pautando, assim, a cenografia, figurinos, desenho e outros aspectos da produção. A verba destinada às produções fílmicas de "temas históricos" era aproximadamente cinco vezes maior que a destinada aos filmes que não se enquadravam nessa rubrica.

A Embrafilme visava, com o projeto, incrementar a produção cinematográfica a partir de temas que valorizassem a história e a cultura nacional. A resposta de produtores e cineastas foi entusiasta, ao aproveitar o incentivo a partir da política pública, indicando uma demanda de criação reprimida em parte pela falta de condições financeiras de realização dos filmes. A relação entre governo, história, cinema e educação possui muitos meandros, sobretudo em governos autoritários como foi no L'UCE, de Mussolini, ou na Ditadura civil-militar brasileira. Esse estímulo via Estado, portanto, é um lado da moeda. No caso do projeto *Filme histórico*, Jean-Claude Bernardet avaliou os riscos da interferência estatal com fundo ideológico e político.

> Uma reflexão sobre o sistema que envolve o filme histórico pode sugerir como funciona um mecanismo de pressão acionado pela classe dominante, ou um segmento dela, no sentido de promover a produção de obras que sirvam diretamente seus interesses ideológicos e estéticos (BERNARDET, 1982, p. 57).

Percebe-se, sim, a permanência da concepção utilitária do cinema para a conformação histórico-cultural da nação, tal qual preconizada por

Getúlio Vargas, na década de 1930. As ponderações de Arthur Cesar Ferreira Reis, relator da Comissão da Câmara de Ciências Humanas do Conselho Federal de Cultura (CFC), reiteram esse viés. Ao emitir parecer recomendando temáticas de interesse para a recém-criada linha de financiamento *Filme histórico*, o relator parabenizava a iniciativa da Embrafilme por trabalhar pela reversão de um cenário no qual o Brasil, como produtor cinematográfico, subutilizava seu patrimônio histórico, sendo que:

> O cinema é um dos instrumentos de divulgação cultural em termos de massa. Em toda parte, vem sendo usado com sucesso para a formação da consciência cívica das nações. Não é apenas um produto visando ao lazer, à distração, à alegria popular. Tem e deve aumentar seu potencial artístico e ao mesmo tempo educativo e cultural.
> (Parecer nº 2.406/77, Conselho Federal de Cultura/Câmara de Ciências Humanas, 14 de setembro de 1977. Fundo: Ancine/Embrafilme, série 110.1/00297, Cinemateca Brasileira/SP)

É razoável inferir que o governo e grupos apoiadores procurem se apropriar da estrutura pública administrativa para seus interesses, especialmente em regimes autoritários, como assinalou Bernardet. Contudo, acredita-se que as análises de filmes desse gênero podem também trabalhar, como linguagem, as questões estéticas e até mesmo com a crítica social, como é o caso do filme **Anchieta, José do Brasil** (Paulo César Saraceni, 1977).

> **Anchieta, José do Brasil** é considerado o primeiro filme histórico do Cinema Novo a ser produzido pelo Estado, via Embrafilme. Em seu circuito de produção e exibição, os sentidos históricos que o filme veicularia foram disputados pela Igreja Católica, pela ditadura civil-militar, pelo Cinema Novo, por críticos e teóricos. A obra mostra-se, portanto, um vetor de reflexão sobre a cultura histórica brasileira do período (PINTO, 2013, p. 75).

Percebe-se, no período, a ampliação da percepção do potencial educativo do cinema, não se restringindo mais a produções com finalidades didáticas. A política da Embrafilme, seja em relação ao mercado comum, seja pelo projeto *Filmes históricos*, passou a considerar educativas mesmo as produções comerciais, desde que pudessem ser exploradas temáticas que estimulassem a identidade, a cultura e o conhecimento da história nacionais.

Esse movimento, perceptível a partir de meados da década de 1960, coincide com as reformas metodológicas na produção historiográfica em voga. Na virada para a década de 1980, a popularização do videocassete viabilizou a entrada dos filmes, no formato de fitas VHS, nas escolas. A partir de então, as transformações tecnológicas, com o DVD na década de 1990 e o formato digital no século XXI, só fizeram consolidar a presença do cinema no cotidiano escolar. Secretarias governamentais de educação equiparam muitos prédios escolares com salas de filmes e estimularam cursos de capacitação docente. Os livros didáticos começaram a incorporar sugestões de filmes como informação complementar do tema estudado e, gradativamente, as editoras passaram a publicar títulos sobre o assunto.

A redemocratização do país e a promulgação da nova Constituição, em 1988, assinalaram a necessidade de reformas no sistema educacional brasileiro, que confluíam com transformações nas concepções e metodologias de educação.

Para o ensino de História, os **Parâmetros Curriculares Nacionais**, na esteira da nova **Lei de Diretrizes e Bases (LDB)**, chamaram a atenção para a ampliação da noção de documentos históricos. Destacavam-se a utilização de outras fontes documentais e da distinção entre a realidade e a representação da realidade expressa em: gravuras, desenhos, gráficos, mapas, pinturas, esculturas, fotografias, filmes e discursos orais e escritos.

> Aperfeiçoou, então, métodos para extrair informações de diferentes naturezas dos vários registros humanos já produzidos, reconhecendo que a comunicação entre os homens, além de escrita, é oral, gestual, figurada, musical e rítmica (BRASIL, 1998, p. 32).

As recomendações à ampliação das fontes para o ensino de História estimulam novas formas e abordagens para o trabalho docente. Proporcionalmente ao destaque dado à renovação das fontes históricas, são recomendados cuidados com sua interpretação e salienta-se a intencionalidade inerente aos registros documentais. As imagens, por exemplo, deveriam ser indagadas, para além do seu conteúdo, sendo dimensionadas nos contextos em que foram elaboradas, recriadas e reutilizadas (BRASIL, 1998).

Atenção especial é dispensada ao uso de filmes nas aulas de história. Os PCNs abordam o filme como uma fonte que permite variadas situações didáticas. E, também, chamam atenção para sua natureza fonte/objeto:

> Um filme abordando temas históricos ou de ficção pode ser trabalhado como documento, se o professor tiver a consciência de que as informações extraídas estão mais diretamente ligadas à época em que a película foi produzida do que à época que retrata (BRASIL, 1998, p. 88).

Durante a reorganização da educação em bases democráticas, principalmente na segunda metade da década de 1990, os referenciais para a atuação do professor procuraram incorporar metodologias atualizadas. Desde então, a categoria docente tem procurado explorar outras possibilidades no uso pedagógico do audiovisual. O filme diz muito a respeito do período em que foi realizado, tornando-se um relevante documento do tempo presente à sua produção. Ainda assim, como se analisará adiante, o filme pode ser trabalhado como uma fonte referente ao período histórico abordado, sobretudo, mediante o cruzamento com outras fontes. Outra perspectiva de trabalho é abordá-lo como objeto de estudo na interpretação do passado.

Conexões entre cinema e História

A comunicação entre filme e História se processa concomitantemente à invenção do cinema e ao desenvolvimento da linguagem cinematográfica. Temas históricos têm inspirado roteiros fílmicos desde os primeiros tempos do cinema. Contudo, a relação entre historiadores e o filme não se estabeleceu com a mesma abertura, e demorou a ser valorizada pela pesquisa histórica.

Em vez de pretender reconstruir o longo debate em torno do tema – o que nos afastaria do propósito deste livro –, privilegiaremos alguns aspectos relevantes para a compreensão do cinema-história e do potencial educativo do filme.

Cinema e realidade
Desde os momentos iniciais da história do cinema, ocorreram reflexões sobre a imagem como expressão da realidade e da verdade. Bolesław Matuszewski foi pioneiro em promover uma discussão do valor do filme. Matuszewski, que havia trabalhado como assistente dos irmãos Lumière, declarou, em debate ocorrido no ano de 1898, que "o cinematógrafo não dá talvez a história integral, mas pelo menos o que ele fornece é incontestável e de uma verdade absoluta" (MATUSZEWSKI apud KORNIS, 1992, p. 240). Reconhecemos nesta avaliação uma matriz amplamente difundida – e ainda presente: a que atribui ao cinema o valor de realidade.

A ideia que aproxima as imagens cinematográficas à realidade histórica pode ser explicada, em parte, pela noção de *verdade* que presumia o saber histórico mediante a corroboração por documentação considerada oficial. Essa percepção influenciou a produção intelectual no século XIX e princípio do XX.

A percepção de Matuszewski sobre o cinema e a realidade revela outra ideia bastante difundida: a autonomia da câmera. Nesta, o resultado de uma filmagem é a captura do ocorrido tal como transcorreu. Nesse sentido, a posição desse pioneiro do cinema está em acordo com a assertiva de que uma imagem vale mais que mil palavras.

Ao mesmo tempo em que associar a imagem filmada à realidade se tornava uma proposição corrente, outras produções fílmicas do período permitiam questionar essa interpretação. Os irmãos Lumière, por exemplo, propõem essa reflexão com o filme **Demolição de um muro** (1896), no qual alguns homens demolem uma parede e, em seguida, o filme é montado no sentido reverso, criando a sensação de reconstrução. Os filmes realizados por Georges Méliès, também nos anos iniciais da história do cinema, são emblemáticos, pois suas trucagens, efeitos especiais e montagens levavam o cinema para o campo da fantasia.

> O filme **A invenção de Hugo Cabret** (2011, originalmente *Hugo*) apresenta aspectos do cinema de Méliès a partir da perspectiva de um menino de 12 anos. O filme, de Martin Scorsese, é baseado no livro infantojuvenil *A invenção de Hugo Cabret*, de Brian Selznick. Duas histórias confluem: a do personagem fictício Hugo, um menino órfão que lida corajosamente com a perda do pai e com um misterioso autômato, e a do personagem da vida real, Georges Méliès, cineasta pioneiro, ilusionista, considerado o precursor dos efeitos especiais em filmes.

Após o tempo do cinema de Méliès, as reflexões sobre a montagem e a intencionalidade da produção de um filme se ampliaram. Na década de 1920, em meio ao processo revolucionário bolchevique, alguns cineastas russos, ligados ao projeto de consolidação do Estado socialista, propuseram discussões sobre a imagem como valor de verdade. Referências desse cinema revolucionário, como Lev Kulechov e Sergei Eisenstein, chamavam atenção para a intencionalidade da produção fílmica. Para o grupo, o processo de corte, edição e montagem consolidava o posicionamento autoral e seletivo iniciado com a captura de imagens pelo cineasta.

> **O Encouraçado Potemkin** (1925), de Sergei Eisenstein, é um filme emblemático para a questão da montagem no cinema. A dramatização da Revolta de 1905 – motim de marinheiros russos contra maus-tratos sofridos a bordo de um navio durante o czarismo –, ficou conhecida por sua inovação quanto à montagem. O filme apresenta sequências referenciais para a história

do cinema, como a cena da mãe que é atingida por um tiro e, ao cair, permite que o carrinho do seu bebê vá escada abaixo. O carrinho desce em meio às pessoas desesperadas que fogem do exército, cuja missão era acabar com o apoio dos manifestantes aos marinheiros rebelados.

Todo esse processo de escolhas e controle possui relação direta com a estrutura narrativa estabelecida pelo diretor. Não obstante esse tipo de reflexão, que continuou a se desenvolver nas décadas seguintes, foi e é forte a tese do filme como verdade, sobretudo no senso comum, principalmente quando se trata de um filme com temática histórica. Em geral, ele é visto como testemunho visual do passado.

O cinema na pesquisa histórica

Nas décadas de 1960-1970, em meio ao intenso debate relativo às novas questões que marcavam a reflexão sobre a produção historiográfica como um todo, o valor histórico do cinema para o ofício do historiador ganhou novos contornos.

Atribui-se a Marc Ferro a abertura do diálogo entre história e cinema, com o seu texto *O filme: uma contra-análise da sociedade?*, publicado na coleção *História: Novos Problemas, Novas Abordagens*,

Novos Objetos, dirigida por Jacques Le Goff e Pierre Nora, lançada originalmente em 1974.

O que nos diz Ferro neste texto? Segundo ele, o filme não deve ser analisado pelo historiador apenas como uma obra de arte. O filme pode ser fonte de pesquisa para a história. Ferro defende a construção de uma metodologia para explorar a relação cinema-história, já que o filme, independentemente do gênero, pode ser lido como um documento histórico a ser investigado – ou seja, como "contra-análise da sociedade".

Quando somos levados a perguntar e/ou colocar questões ao filme, podemos compreender os possíveis enquadramentos da memória. A obra fílmica pode, também, romper os controles existentes à sua produção.

> A memória, essa operação coletiva dos acontecimentos e das interpretações do passado que se quer salvaguardar, se integra, em tentativas mais ou menos conscientes de definir e de reforçar sentimentos de pertencimento e fronteiras sociais entre coletividades de tamanhos diferentes: partidos, sindicatos, igrejas, aldeias, regiões, clãs, famílias, nações, etc. A referência ao passado serve para manter a coesão dos grupos e das instituições que compõem uma sociedade, para definir seu lugar respectivo, sua complementariedade, mas também as oposições irredutíveis. [...] Quem diz "enquadrada" diz "trabalho de enquadramento". Todo trabalho de enquadramento de uma memória de grupo tem limites, pois ela não pode ser construída arbitrariamente (POLLAK, 1989, p. 7).

Desde então, o cinema passou a ocupar espaço nas salas de aula das universidades, nas pesquisas, nos congressos de historiadores e de outros profissionais das ciências sociais. Novas perspectivas revisaram uma série de posicionamentos inicialmente assinalados por Ferro. Interpretações alicerçadas nas discussões da semiótica (teoria geral das representações e dos signos), por exemplo, a partir das proposições de Pierre Sorlin (1984) ganharam destaque e influenciaram novos estudos; ainda que o próprio autor tenha revisto e minimizado, décadas depois, os limites da semiótica na relação entre cinema e história.

Outro nicho analítico ultrapassa a percepção do filme como fonte para os estudos históricos. Este, mais especificamente, procura entender o filme a partir dele mesmo e das implicações que as representações nele realizadas têm para a sociedade. Podemos exemplificar com os trabalhos da historiadora Michèle Lagny (1997), que promove reflexões sobre o cinema como objeto de estudo na pesquisa histórica.

Ao imprimir análises sobre os problemas e métodos da investigação histórica, Lagny propõe diálogos entre a história e o cinema. Para a autora, a defesa do uso do filme como fonte histórica – posição tão cara aos pioneiros desse debate e adotada de forma estratégica para atrair os historiadores a essa seara – encontra-se consolidada. Cabe, então, abordar o cinema como problematização histórica.

Outra abordagem contributiva ao debate é a do historiador Robert Rosenstone, que destaca a historicidade presente nas películas. Para ele, os filmes de temática histórica vão além da cinefilia: são, também, uma maneira de se representar o passado.

> Filmes, minisséries, documentários e docudramas históricos de grande bilheteria são gêneros cada vez mais importantes em nossa relação com o passado e para o nosso entendimento da história. Deixá-los fora da equação quando pensamos o sentido do passado significa nos condenar a ignorar a maneira como um segmento enorme da população passou a entender os acontecimentos e as pessoas que constituem a história (ROSENSTONE, 2010, p. 17).

Rosenstone se propõe pensar a escrita da história a partir do audiovisual. Ciente de que o sentido histórico da sociedade não é produzido exclusivamente pelas páginas escritas, o autor reconhece que o significado histórico de um filme é distinto do saber historiográfico.

Reservadas as particularidades existentes entre autores/escolas referentes aos debates sobre cinema-história, tem-se como princípio que um filme é um filme; uma produção artística e comercial e, não, um trabalho produzido segundo os ditames acadêmicos.

De fato, ao considerar a centralidade que produções audiovisuais adquiriram na cultura contemporânea, somada às novas maneiras de sociabilidade decorrentes da informatização, internet e redes sociais, as narrativas históricas e a circulação do conhecimento histórico também passam por transformações.

Contudo, mesmo com as renovações da produção histórica e a aproximação dos historiadores com o filme de temática histórica, ocorrida com maior consistência a partir da década de 1960, ainda são perceptíveis algumas arestas. Parte dessa tensão se situa na percepção dicotômica, dual, que em geral se atribui ao filme. Ou seja, entre objetivismo e subjetivismo (NAPOLITANO, 2005).

O polo realista/objetivista dessa dualidade tende a procurar nos filmes os parâmetros de recriação histórica. Isso atribui ao filme a ideia do testemunho imparcial do passado. Nesse sentido, aspectos ligados à reconstituição de época, por exemplo, adquirem maior relevância do que outras perguntas que podem ser dirigidas à película. No outro extremo, está a natureza subjetiva do filme com temática histórica. Ao considerar quase que exclusivamente as licenças poéticas, inerentes a qualquer criação, esses analistas inscrevem o filme no campo da recriação ficcional do passado.

Ambas as posições (extremidades da dicotomia objetividade X subjetividade) restringem o uso do filme para a educação histórica. Em outras palavras, quando isso ocorre, perde-se a oportunidade de se explorar a diversidade do potencial desse tipo de fonte/objeto. Como fugir dessa armadilha? Um caminho é analisar o filme a partir das representações sócio-históricas produzidas. Por um lado, reconhecer que, assim como qualquer outra produção documental, o filme se estrutura a partir de intenções e subjetividades. Por outro lado, deve-se repensar a validade de cobranças por reconstituições históricas, tal qual faziam os chamados historiadores positivistas que acreditavam poder resgatar o passado tal qual ele ocorreu, como se isso fosse possível.

Ao considerar, neste livro, o uso escolar do filme para além do objetivismo ou do subjetivismo, pretendemos contemplar a educação do olhar, ou seja, colaborar no desenvolvimento da cultura de assistir a filmes e compreender a linguagem cinematográfica em sua multiplicidade.

Desafios da relação entre cinema, história e educação

Quando publicados, a recomendação dos Parâmetros Curriculares Nacionais (PCNs) para o uso do audiovisual pelos professores sugere descompasso entre as práticas da sala de aula e os procedimentos da pesquisa historiográfica, haja vista o desenvolvimento da discussão sobre a apropriação do cinema pela pesquisa em História desde os anos 1970. Mas as práticas docentes e discentes têm narrativas de memórias do uso do filme em salas de vídeo e projeção, na própria sala de aula, na biblioteca, anteriores aos anos 1990. Também devemos dimensionar que, após duas décadas vivendo sob uma Ditadura, não é equivocado atribuir esse tom de vanguarda à necessidade do campo educacional em demarcar posição por uma educação múltipla, moderna e comprometida com garantias de direitos.

O filme passou a integrar ainda mais as práticas didáticas de grande parte dos professores de História. Um reflexo desse exercício é o crescente aumento de teses e dissertações apresentadas em programas de pós-graduação, cujos temas estão na relação entre cinema, história e educação. Ainda assim, muitas questões permanecem relativas ao uso do filme em uma aula de História.

Apesar do papel cada vez mais relevante da cultura audiovisual na sociedade, as matrizes curriculares das licenciaturas em História costumam não contar com disciplinas relativas ao cinema/história ou ao audiovisual de modo ampliado e à educação. Nas universidades em que predomina uma organização curricular mais aberta, com possibilidades de cumprir créditos por meio de matérias eletivas ou optativas, essa lacuna pode ser minimizada caso algum professor ofereça a disciplina afim. Essa oportunidade paliativa é menos viável em cursos com matriz curricular mais fechada, estrutura predominante no ensino privado. Definitivamente, não é um cenário desejável.

A tímida abordagem sistematizada que explora o audiovisual como prática didática no ensino de História, bem como a linguagem cinematográfica na construção do conhecimento histórico, pode se tornar embaraçosa quando novos professores assumem a regência de turmas no ensino básico. Por vezes, os caminhos abertos da roda de discussão, prática recorrente após uma exibição, escapam ao próprio filme; outra vezes, retornam às práticas do filme como ilustração de conteúdo, com probabilidade de descontextualizações e anacronismos. Diante desses indesejáveis cenários, o aluno pode vir a desacreditar naquele momento como oportunidade de aprendizado, não raro considerá-lo um passatempo ou subterfúgio preguiçoso do professor.

Cuidados metodológicos estabelecem a articulação no uso do filme como fonte e como objeto de estudo. Enquanto professores, a atualização em nossa formação é mais que desejo, é o que nos mantém ativos.

É verdade que as condições vivenciadas pela ampla maioria do professorado tendem a ser adversas para a preparação em sua própria profissão. Um relevante condicionante é a difícil equação entre o salário de professor e os custos para se manter filiado às associações de interesse, bem como acompanhar os eventos. Outros exemplos que reforçam a necessidade de mudança de postura do poder público quanto às ações práticas (não retóricas) de valorização da educação são a incerta oferta de cursos de capacitação na maioria das redes educacionais e/ou a dificuldade de o profissional ser liberado pela direção/secretaria de governo para participar de eventos formativos, acadêmicos ou não.

Resistentes por meio de estudos, da leitura de livros e de revistas da área, pelo acompanhamento de canais na internet, participação em cursos, debates, eventos, atividades culturais, etc., buscamos condições de repensar e renovar nossas práticas, estimulando novos olhares sobre nossas aulas e novas possibilidades com uma turma de alunos. Portanto, mesmo que o diálogo com o filme seja prática recorrente entre os docentes, acreditamos que refletir sobre o cinema nas aulas de História é uma oportunidade que se faz para multiplicar seu potencial uso como mediador para a educação do conhecimento histórico.

São muitos os meandros circunscritos à relação entre cinema, história e educação. Apesar da centralidade do universo escolar nas reflexões sobre o uso educativo do filme com temática histórica, não se pode ignorar a educação do conhecimento histórico proporcionada pelo cinema para um público não estudantil. A intensidade da cultura visual vivenciada desde o final do século passado, delineando uma sociedade imagética que influencia as relações de saberes e conhecimentos, inclusive históricos, demanda uma educação para o olhar.

O debate sobre a relação cinema-história tem gerado variadas percepções e metodologias. Neste livro, tais discussões pensadas pedagogicamente indicam procedimentos resultantes do entrecruzamento das dimensões da educação, da memória e da identidade para o cinema. Destinado aos professores do ensino básico, o livro discute possibilidades metodológicas na expectativa de favorecer o uso de filmes em sala de aula, no diálogo com a História, como forma de educação do olhar.

CAPÍTULO 2

EM FOCO... POSSIBILIDADES METODOLÓGICAS PARA ANÁLISE FÍLMICA

Quando é anunciada a exibição de um filme na aula de História, identificamos percepções variadas entre os alunos. Estas podem ser positivas, como: a curiosidade pelo que será exibido; a aprovação pela variação da dinâmica da aula; a expectativa de que o filme ajude no aprendizado da disciplina. Mas, também, podem ser negativas, como: a desaprovação por quem não gosta de filmes; o sono durante a sessão; ou até a insinuação de que o professor está com preguiça de lecionar.

Essa variável de sensações é compreensiva dentro da multiplicidade de uma turma escolar. Contudo, por ocasião da exibição fílmica na escola, dois movimentos parecem recorrentes, seja na condição de aluno ou professor:

- Ansiedade de começar a assistir para emitir o veredito se o filme é "legal" ou não;
- Reconhecer no filme aspectos relacionados ao conteúdo da matéria ensinada.

Acreditamos que essas duas posturas podem restringir a contribuição do uso do filme na discussão em História. Para evitar tais riscos, alguns procedimentos básicos devem ser observados no momento em que o professor inicia o planejamento da aula a ser mediada pelo elemento fílmico. Segui-los permite ampliar a discussão da linguagem cinematográfica na educação do processo histórico para além do conteúdo curricular. Por essa perspectiva, rompe-se com a prática recorrente de buscar reforço do conteúdo disciplinar com a exibição, o que abre espaço para o desenvolvimento de ações inscritas na leitura fílmica, ou seja, exercícios para educação do olhar tomando o filme como objeto a ser analisado (não apenas como fonte).

Sem pretender estabelecer um guia de análise fílmica, mesmo porque há destacados trabalhos publicados a respeito, propomos neste capítulo algumas reflexões que podem ajudar a compreender a linguagem cinematográfica e, consequentemente, potencializar o uso do filme na área educacional.

No primeiro momento, são realizadas observações sobre o gênero fílmico e características do cinema-história. Em seguida, são abordados alguns aspectos constitutivos e técnicos da linguagem cinematográfica. Acreditamos que essa divisão irá facilitar a exposição e compreensão do assunto.

Cinema-história: um gênero fílmico?

Um olhar mais atento às características da produção cinematográfica, naquilo que é denominado gênero fílmico, favorece o aprofundamento da reflexão a respeito da relação entre o filme, a história e a educação. O gênero pode ser entendido como uma categoria de reconhecimento. Ele se estabelece como categoria a partir de características comuns e reconhecíveis aos elementos envolvidos em uma produção narrativa. Isso implica considerar para análise do gênero:

- A narrativa
- A estética
- O conteúdo
- O receptor/consumidor

Em perspectiva estendida, nos apropriando das considerações para literatura (SWALES, 1990), os gêneros estabelecem grupos e comunidades que se identificam com aquela estrutura do discurso.

O gênero cinematográfico, portanto, constrói representações que facilitam o reconhecimento da mensagem para o público consumidor, estabelecendo padrões compartilhados. De modo geral, os gêneros são organizados pela própria indústria cinematográfica, que percebe e explora um filão mercadológico. Dessa maneira, categorizá-lo reforça a própria engrenagem da economia em torno da indústria do cinema.

Um gênero torna-se reconhecível pelos seus elementos estéticos, de elenco e narrativos. Assim, a partir da fotografia, do cenário, dos atores e do tipo de história, se estabelece a comunicação com o público. Todavia, é relevante considerar que a definição de um gênero é flexível. Sobre o assunto, Marcos Napolitano observa que há quatro grandes eixos: o drama, a comédia, a aventura e o suspense.

- **Drama** – Os filmes de gênero dramático geralmente centram sua história em conflitos individuais, provocados por profundos problemas existenciais, sociais ou psicológicos, além do dissenso amoroso ou afetivo. Neste caso, os dramas costumam partir de um conflito inicial, uma situação tensa que pode ou não ser reparada no desfecho. [...] Esse gênero visa provocar efeitos emocionais intensos.
- **Comédia** – Na comédia, situações patéticas, jogos de linguagem verbal ou peripécias que levem a mal-entendidos, envolvendo um ou mais personagens, são narradas com a intenção de provocar risos na plateia.
- **Aventura** – Na aventura, o elemento que predomina é a ação, envolvendo conflitos físicos, opondo o Bem contra o Mal, narrada em ritmo veloz e encenando situações-limite de risco ou morte. Os heróis tendem a encarnar valores ideológicos da cultura que produziu o filme. O objetivo é provocar efeitos físicos e sensoriais na plateia que acompanha as situações-limite.
- **Suspense** – No suspense, mais importante do que a ação em si é a trama, o mistério a ser desvendado, as situações envolvendo peripécias não previstas pelo espectador. O termômetro é a

tensão que o espectador experimenta ou o susto repentino do desenlace de determinada sequência.
(NAPOLITANO, 2008, p. 61-62)

A classificação apresentada não deve ser tomada como camisa de força. A qualificação dos eixos se alinha a uma matriz; mas isso não significa que um filme dramático, por exemplo, não possa transitar em sua narrativa por momentos de comédia ou mesmo nos demais estilos fílmicos.

Um refinamento quanto ao estilo do filme ocorre pela subdivisão do título em um amplo leque de gêneros, inscritos nos referidos eixos. Dessa forma, cinemas, videotecas, lojas de filmes e *sites* na internet costumam apresentar seções organizadas em gêneros mais recorrentes, como: **aventura, comédia de paródia, comédia pastelão, comédia de aventura, comédia romântica, drama romântico, drama psicológico, drama histórico, documentário, docudrama, cinebiografia, guerra, faroeste (*western*), ficção científica, musical, policial, terror, infantil, animação**. São vários os gêneros que agrupam filmes de acordo com a estrutura narrativa, linguagem audiovisual e temática. Por isso mesmo, não é incomum que um mesmo título possa ser classificado de maneira diferente por quem o oferece como produto, bem como por quem o assiste.

De fato, a classificação em gêneros colabora para melhor definir as fatias do mercado em torno do cinema. Mas também ajuda a estabelecer o perfil dos espectadores, os quais, por sua vez, criam uma expectativa em relação ao filme escolhido a assistir – sendo que a avaliação positiva se sustenta na contemplação dessas expectativas.

Quando se pensa no uso educativo do filme, os gêneros fílmicos, inscritos nos eixos apresentados, devem ser levados como critério na escolha para o desenvolvimento de um trabalho orientado pedagogicamente.

A experiência educacional com jovens, por exemplo, permite perceber que adolescentes do ensino médio tendem a ser mais receptivos a filmes de linguagem mais densa, com estrutura narrativa mais complexa, diferentemente dos seus colegas discentes na faixa etária entre 10 e 14 anos, para quem ação, aventura e comédia costumam ser melhor recebidos. Nesse sentido, o gênero pode ser um critério a ser observado na escolha do título a ser exibido na escola.

Tais considerações nos levam a ressaltar que a definição de determinado gênero fílmico está estreitamente vinculada aos interesses mercadológicos. Sendo assim, podemos compreender o chamado *cinema-história* como um gênero fílmico?

Desde os primeiros anos do cinema, temas históricos são explorados comercialmente ao motivarem a realização de filmes, embora o mercado cinematográfico não tenha delimitado esse nicho de produção. O fato de não ter se estabelecido um gênero *filme histórico* não significa, porém, que a indústria cinematográfica, os realizadores do cinema (diretores, roteiristas, atores, produtores, câmeras, técnicos) e os espectadores desconsiderem os filmes que dialoguem com acontecimentos históricos.

O que percebemos é que a produção cinematográfica desenvolveu uma multiplicidade de modos de abordagem das temporalidades históricas. A referência à história popularizou a categoria *filme histórico* para aquele cujo roteiro se estrutura a partir de um acontecimento histórico. Essa categoria é pertinente, mas não plenamente, como assinalam outras dimensões do *filme histórico* como o *tempo presente* ou a *ficção* (BERNARDET; RAMOS, 1994).

Para significar o diálogo entre o cinema-história-educação, o filme precisa ultrapassar uma noção estanque de fato histórico como passado. Entendemos, nesse sentido, o *filme com temática histórica* como aquele que estabelece interesse histórico, estimulando a discussão sobre o processo histórico a partir de questões suscitadas pela película ao espectador. Sua dimensão é, portanto, concernente à ideia de cinema-história e, assim compreendido, ultrapassa as fronteiras delimitadas pelo gênero.

Mesmo a rigor não podendo ser considerado um gênero, o cinema-história é facilmente reconhecido entre os profissionais da área de História, bem como do Cinema. O sentido da expressão-conceito está em problematizar o uso do *filme com temáticas históricas* para a divulgação e produção do conhecimento histórico.

Realizadas essas observações sobre os grandes gêneros, os subgêneros fílmicos e o cinema-história, vislumbramos três grandes estruturas fílmicas:

- Estrutura ficcional
- Estrutura documentária
- Estrutura educativa

Estrutura ficcional

Os filmes de ficção, que representam a maior fatia do mercado de produção cinematográfica, têm como pressuposto o descolamento da ideia de veracidade. Quer dizer, lançam mão da liberdade poética e artística, desde a concepção do argumento até a realização do roteiro, mesmo que a narrativa seja inspirada em acontecimentos reais. Por estar supostamente desvinculada do verificável, não é incomum considerar inadequado o uso da ficção para a educação do conhecimento histórico. Mas será mesmo pertinente essa restrição?

Não vemos razão para reiterar essa rejeição. Entendemos que é possível, sim, estabelecer diálogos voltados para a educação histórica por meio de problematizações adequadas sobre o filme ficcional, seja ele drama, comédia, aventura ou qualquer outro gênero.

Fahrenheit 451 (1966), do aclamado diretor François Truffaut, é um bom exemplo de como os filmes de ficção podem ser trabalhados nas aulas de História. Baseado no livro homônimo de Ray Bradbury (1953), o filme é uma ficção sobre uma sociedade futurista na qual o Estado controla invasivamente o cotidiano das pessoas. Altamente tecnológica, com a televisão ocupando papel central nos lares, os livros são proibidos, cabendo aos bombeiros encontrar exemplares para incinerá-los. A narrativa acompanha a vida de um bombeiro exemplar, mas que entra conflito existencial após conhecer uma leitora clandestina que o estimula a começar a ler, o que o leva a questionar aquele modelo social existente.

> Baseado no livro de Ray Bradbury, o filme **Fahrenheit 451**, de François Truffaut, um dos expoentes da Nouvelle Vague, nos instiga a pensar a sociedade contemporânea por meio da representação distópica do futuro. Este é o único filme em inglês do diretor.

Fahrenheit 451 nos oferece muitas possibilidades para pensar o uso do filme na problematização da história. A começar pela idealização de futuro vivenciada na década de 1960: em que medida a sociedade contemporânea corresponde à idealização do filme, especialmente no âmbito tecnológico? E qual o papel dos meios de comunicação no cotidiano das pessoas? Outra reflexão volta-se para a relação entre governo e sociedade, sobretudo ao aspecto regulador e coercitivo do Estado. Entre tantas possibilidades, podemos problematizar o papel da leitura e da informação para o estabelecimento de uma sociedade livre e consciente *versus* governos que lançaram mão da censura.

Estrutura documentária

A segunda estrutura é o documentário, que propõe "documentar" um determinado acontecimento ocorrido no passado ou do tempo presente. Vale ressaltar que a produção de documentários tem crescido consideravelmente, ao ponto de muitos festivais de cinema incorporarem categorias de premiação para esse tipo de filme.

De modo geral, a estética do documentário se concentra no depoimento de participantes diretos ou indiretos a respeito da temática abordada. Para além das entrevistas e depoimentos, os documentários cotejam outras fontes, sendo que a consulta aos documentos funciona tanto como lastro para o argumento seguido na narrativa quanto como elemento motivador de lembranças do entrevistado. Entre documentaristas, é recorrente o uso de imagens externas aos depoimentos, como trechos de outros filmes, fotografia ou iconografia, para costurar e dinamizar a narrativa construída.

Por trabalhar diretamente como produção de memória, o documentário é frequentemente atrelado a uma intenção educativa e política. Consequentemente, recai sobre esse tipo de produção uma espécie de lastro de verdade. O documentário passou a ser associado ao reconhecimento da autenticidade histórica. Contudo, vale ressaltar os riscos em tomá-lo nesse sentido.

Bill Nichols, estudioso do cinema documentário, chama atenção para a aproximação entre os filmes de ficção e os documentários – ou filmes *não ficcionais*, como são conhecidos nos EUA. Em ambos os casos, há três elementos cuja interação é necessária para a produção fílmica: 1º) o cineasta e ou/roteirista, que idealiza, organiza e roteiriza; 2º) o tema ou argumento, pessoa ou grupo que se quer representar; e 3º) o espectador, aquele que significa o filme. Essas aproximações entre o cinema documental e o ficcional nos permite inferir a intencionalidade do documentário, desde sua idealização até o significado de sua narrativa.

O documentário é, portanto, a representação sobre alguém ou algum acontecimento sob o ponto de vista de uma determinada pessoa ou instituição. Nesse sentido, ele está imbuído de significados, aparentes ou não, embora muitas vezes se pretenda imparcial. De fato, o filme documental objetiva proporcionar o conhecimento e a reflexão ao seu espectador, porém não se trata de uma reconstituição imparcial de determinado acontecimento. Ele está permeado de escolhas, pode ser alterado, transformado, componentes em sua produção podem ser inseridos ou retirados de acordo com aquilo que se quer transmitir.

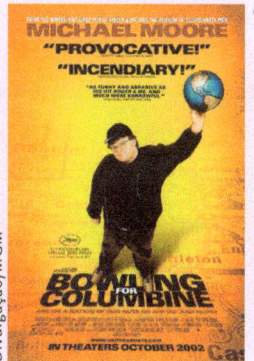

A premissa de verdade e imparcialidade no documentário já não é mais consensual. Os filmes de Michael Moore são bons exemplos para perceber a intencionalidade no argumento do documentarista. **Fahrenheit 9/11** (2004), **Tiros em Columbine** (originalmente *Bowling for Columbine*, 2002) e **Capitalismo: uma história de amor** (*Capitalism: a love story*, 2009) compõem a filmografia do diretor.

É o caso dos documentários de Michael Moore, para citar um documentarista reconhecido e com sucesso comercial. Crítico da política econômica norte-americana, sobretudo do Partido Republicano, Moore tem produzido filmes ácidos contra o modelo econômico e valores da sociedade estadunidense. Fahrenheit 9/11, sobre o ataque terrorista ao World Trade Center, é seu mais polêmico trabalho. A partir de documentos e entrevistas, o diretor revela como os EUA foram aliados de Osama bin Laden e, após a ruptura, usufruíram política e economicamente dos efeitos dos ataques da Al-Qaeda, a ponto de estimular a hipótese conspiratória de que o governo de Georg Bush pudesse estar por trás do atentado. Em outros títulos, como Tiros em Columbine (sobre a cultura armamentista e os frequentes ataques por estudantes dos EUA às suas escolas) ou Capitalismo: uma história de amor (sobre a crise econômica norte-americana ocorrida entre 2007 e 2009 e o desamparo da população ante a ganância das corporações industriais e bancárias), Moore constrói uma narrativa pontuada por humor e até manipulação de imagens. Uma técnica corrente entre muitos documentaristas atuais.

> No Brasil, a tradição do documentário nos leva a diretores com originalidade reconhecida, inclusive internacionalmente. Destacamos, entre outros, Eduardo Coutinho por renovações no fazer o documentário. Diretor de trabalhos como **Cabra marcado para morrer** (1984), **Santo Forte** (1999), **Edifício Master** (2002) e **Peões** (2004), seu modo de selecionar e abordar temas da dinâmica sociocultural brasileira aliado à sua estética que explicita a construção do filme – calcada na liberdade dos entrevistados, que contribui para a construção compartilhada do filme – são importantes marcas deixadas por Coutinho.
>
> Sílvio Tendler é outro diretor com interesse especial para o cinema-história. Conhecido pelos documentários **Os anos JK: uma trajetória política** (1980), **Jango: como, quando e por que se derruba um presidente** (1984), **Encontro com Milton Santos: o mundo global visto do lado de cá** (2006), **Utopia e barbárie** (2009), **O veneno está à mesa** (2011), seus filmes apresentam as particularidades do gênero, ou seja, são bastante informativos e com muitas entrevistas, mas carregados de instigantes problematizações. Tendler enfatiza a importância do documentário não só para o conhecimento, mas também como política, como elemento para intervir na esfera pública. A filmografia do diretor está disponível gratuitamente no *site* de sua produtora: <www.caliban.com.br>.
>
> O cineasta Sylvio Back também se destaca pela maneira de questionar narrativas consolidadas do processo histórico. A filmografia do diretor suscita polêmicas, desde os filmes ficcionais com tons documentais ou híbridos, como docudramas (sobre os quais veremos adiante), como **Revolução de 30** (1980), **Rádio Auriverde** (1991), **Yndio do Brasil** (1995), **O Contestado: Restos mortais** (2010).

O cenário contemporâneo brasileiro da produção de documentários é sólido. Uma dimensão da articulação desse campo é o festival **É tudo verdade**, existente desde 1996, sob a curadoria de Amir Labaki. Os festivais desse gênero são alimentados, também, por diretores independentes, muitos deles militantes de causas sociais e políticas, que aproveitam a relativa facilidade de executar esse tipo de filme, em relação à produção ficcional, e terminam por renovar a abordagem do documentário.

As possibilidades e criação do documentário brasileiro vão além do viés educativo formal, quer dizer, o escolar. Em 1987, o antropólogo e cineasta Vincent Carelli fundou o **Vídeo nas Aldeias**, uma atividade pioneira que se propôs a trabalhar o audiovisual com comunidades indígenas. A ideia é apoiá-las no fortalecimento de suas identidades e politicamente ante as ameaças aos direitos conquistados, realizando filmes em parceria com as comunidades, além de capacitá-las nos elementos da linguagem fílmica para formarem profissionais no ramo.

Desde então, foram muitos os filmes produzidos por cineastas indígenas, que assumem o protagonismo no registrar, em problematizar e apresentar questões próprias do seu cotidiano. Os filmes redirecionam olhares consolidados historicamente sobre a questão indígena. Eles contribuem para promover uma descolonização do saber e tendem a provocar deslocamentos quando exibidos na sala de aula, como a surpresa dos estudantes ao saber que se trata de um cineasta indígena. Por isso mesmo, esse material carrega muitas possibilidades para ser trabalhado nas aulas de História. Os filmes realizados estão disponíveis na página do projeto (<www.videonasaldeias.org.br>) e também nos canais na internet (<www.vimeo.com/videonasaldeias> e <www.youtube.com/user/videonasaldeias/videos>). Apesar da reconhecida importância social, cultural e política, o Vídeo nas Aldeias enfrenta grave crise. Grupos e ações diversas tentam reverter esse quadro e reabrir sua sede em Olinda/PE.

Reconhecemos, todavia, muitas reflexões geradas nessa trajetória de três décadas. Em 2017, sob direção de Vincent Carelli e codirigido por Ernesto de Carvalho e Tatiana Almeida, foi lançado *Martírio*.

Apesar de não ser uma produção indígena, é latente a participação de comunidades como parceiras, tornando-o uma narrativa cinematográfica compartilhada a partir da experiência do Vídeo nas Aldeias. O documentário levou 30 anos para ser concluído, iniciando com ações de Carelli em 1987, sendo retomado após um hiato. Centrado no povo Guarani Kaiowá, as quase três horas de duração não são tediosas. Não é exagero colocar o documentário como essencial para o entendimento da questão indígena no Brasil em uma perspectiva histórica, social e cultural, ante as políticas repressivas e violentas de fazendeiros e latifundiários, que ainda contam com representantes no poder político parlamentar na chamada "bancada do boi". Seu amplo potencial para ser trabalhado no meio educacional sugere, dada sua longa duração, o prévio recorte temático, que contempla uma variedade de temas abordados com profundidade.

Estrutura educativa

Por fim, destacamos o cinema educativo, especialmente pelo papel desempenhado na educação até meados do século XX. Nesse milênio, todavia, tem ocupado menos espaço no mercado cinematográfico, ainda que o seu público consumidor permaneça grande – ao menos potencialmente: as escolas e seus alunos.

Nesse filão comercial, reconhecemos a importância do papel do Estado com políticas de incentivo de produção, como exemplificam os institutos de cinema educativo que se popularizaram nas décadas de 1930-1950. No Brasil, em 1937, como vimos no capítulo anterior, foi criado o Instituto Nacional de Cinema Educativo (INCE) durante o governo de Getúlio Vargas. O órgão, que perdurou até a Ditadura civil-militar, foi um dos maiores produtores nacionais de filmes durante sua existência.

A excessiva dependência de política pública, contudo, é um fator restritivo para o desenvolvimento autônomo do cinema educativo. Além dessa crítica, é frequentemente destacada a dificuldade encontrada pelos realizadores dessa estrutura fílmica para criar uma linguagem cinematográfica satisfatória para o diálogo com as abordagens curriculares. De modo geral, o estilo termina por assumir excessivo didatismo ao abordar os conteúdos disciplinares, independentemente da área.

No campo da História, o uso do cinema educativo sofreu objeções por alguns educadores. Como vimos, Jonathas Serrano, no livro *Cinema e Educação* (1931), foi uma dessas vozes a questionar a capacidade do filme de reconstruir o passado – conforme visão corrente de História –, ainda que a produção fosse realizada com vultoso orçamento. No outro extremo, a crítica referente aos filmes educativos sobre a História os rejeitavam pelas interpretações teatralizadas, que os aproximavam do estilo caricatural.

Não obstante as críticas comuns ao uso do filme no ensino de História, mesmo no período áureo do cinema educativo, há de se considerar que a demanda por recursos audiovisuais voltados para o campo educacional é uma realidade crescente. A já mencionada popularização da tecnologia descortina caminhos promissores para esse propósito, que podem ser trilhados tanto por profissionais no ramo cinematográfico, editorial ou educacional, quanto em atividades amadoras.

Aproveitando o universo da internet e a facilidade de programas domésticos de edição, percebemos que os filmes com o propósito educativo continuam a ser produzidos, com uma nova roupagem e nova linguagem. Tal produção tem ocorrido tanto por amadores, explorando-a nas redes sociais, como por empresas que veem nesse mercado uma oportunidade comercial. Diante desse cenário, acreditamos ser relevante refletir sobre o chamado cinema-história e as possibilidades de utilizá-lo com propósito educativo.

***

Independentemente da estrutura e do gênero, o filme possui elementos comuns em sua produção. Esclarecer o jovem espectador sobre as principais etapas inerentes à realização de um filme faz parte da educação do olhar, especialmente para aqueles que estão iniciando o desenvolvimento de sua cultura cinematográfica.

O tema a ser filmado, ou seja, a ideia, o argumento, é a diretriz do trabalho. A partir dele, dá-se a adesão de profissionais para o desenvolvimento do projeto e o interesse de financiadores que viabilizem sua realização.

Uma vez estabelecidos o tema e objetivo do filme, segue-se o desenvolvimento do roteiro, que é a realização do argumento por meio da inserção e articulação de elementos para a trama fílmica. Os personagens, os diálogos, os cenários, os figurinos, a sonoplastia são roteirizados para viabilizar o processo de filmagem.

As filmagens não ocorrem de modo linear, tampouco ininterruptamente, como se a câmera fosse ligada e desligada somente no final do filme. Apesar de parecer óbvia, dependendo da faixa etária e do público, essa informação pode ser uma grande novidade. As cenas previstas no roteiro são filmadas autonomamente, inclusive para otimizar recursos e tempo da produção, como concentrar as filmagens em determinado período para aproveitar locações externas, atores com participação especial ou figurantes.

É na edição que a narrativa fílmica retoma o sentido inicialmente proposto pelo roteiro. Na montagem, as cenas são organizadas, novos cortes são realizados, inclusive sequências podem ser descartadas ou ter sua ordem alterada em relação ao planejamento inicial. A sonoplastia e a sincronização, geralmente, finalizam todo o processo.

> Resguardadas as proporções, é possível pensar um paralelo entre a construção da narrativa fílmica e a narrativa decorrente da pesquisa histórica. Isso porque percebemos nesses processos correspondência de sentido quanto à escolha do tema, da elaboração das hipóteses, no levantamento e análise de fontes, no desenvolvimento do argumento problematizado. Por fim, a montagem fílmica e a redação do relatório de pesquisa concretizam a narrativa final.

Etapas semelhantes ocorrem na elaboração de uma aula de História, quando o professor, como mediador para a discussão do conhecimento histórico com os alunos, se apropria da lógica desses procedimentos. De acordo com o tema e propósito da aula, o docente, considerando o conhecimento histórico acadêmico e também circulante nas experiências vivenciadas pelos alunos e por ele mesmo, seleciona fontes e as articula na construção de uma narrativa que favoreça a problematização da História e o aprendizado dos estudantes.

Para pensar o filme com temática histórica

Filmes ficcionais, documentários ou educativos, com características de diversos gêneros, podem trabalhar temáticas do saber histórico. A abordagem no cinema de temas da história é bastante flexível, podendo se constituir em estruturas e estilos narrativos diferentes. Assim, dramas, comédias, aventuras, policiais e outros gêneros fílmicos podem ser vinculados à educação do conhecimento histórico.

Em vez de nos restringirmos ao rótulo de gênero, é mais pertinente dimensionar o potencial educativo que os filmes podem desempenhar. Nesse sentido, assume-se a compreensão do filme com temática histórica a partir das discussões sobre a chamada história pública:

- por ampliar o público que terá contato com aquele acontecimento histórico narrado, seja ele de uma temporalidade passada ou referente ao tempo presente;
- por estimular, a partir da circularidade do conhecimento histórico, o debate que costuma emergir juntamente com o filme, e que pode impactar nas representações sociais e culturais existentes;
- por produzir uma narrativa cinematográfica da História elaborada a partir da mobilização de saberes e técnicas de áreas distintas, cujo resultado favorece a problematização e significação do processo histórico.

A História Pública

O conceito de história pública não é novo, mas a reflexão sobre sua especificidade no Brasil se expandiu nos últimos anos. A expressão "história pública" ultrapassa a ideia de acesso e publicização de concepções em vigor na academia. É necessário o estabelecimento de pontes entre o saber acadêmico construído e o trabalho não científico, promovendo a difusão e o desenvolvimento de uma "história" que estimule a participação e colaboração das diversas "áreas" fora/dentro do espaço universitário. Considera-se, assim, a necessidade da não supressão da ciência histórica em favor da história pública, mas o desejo de diálogo com as práticas e reflexões não acadêmicas compromissadas com a problematização da cultura histórica.

A história pública sugere práticas de responsabilidade político-social com a memória coletiva. Nesse sentido, a narrativa fílmica pode contribuir para a elaboração e socialização da produção do conhecimento histórico. As necessidades e os interesses de uma comunidade podem inspirar projetos em história pública envolvendo tanto os membros dessa coletividade como pesquisadores acadêmicos e não acadêmicos.

Para saber mais:
ALMEIDA, Juniele Rabêlo de; MAUAD, Ana; SANTHIAGO, Ricardo (Orgs.). *História Pública no Brasil: itinerários e sentidos*. São Paulo: Letra e Voz, 2016.
ALMEIDA, Juniele Rabêlo de; ROVAI, Marta. *Introdução à História Pública*. São Paulo: Ed. Letra e Voz, 2011.

Pensado por essa perspectiva, o chamado cinema-história não se limita ao contexto educativo ou documental, podendo também as produções fílmicas ficcionais serem problematizadas historicamente. Para tanto, pensando em qualificar o repertório a ser mobilizado no desenvolvimento dos procedimentos analíticos, algumas considerações a respeito dos tipos de filmes com temática histórica se fazem pertinentes no momento.

Do mesmo modo que a categoria de gênero não pode ser tomada de forma rígida, na qual o filme deveria ser enquadrado, a dimensão do cinema-história também é flexível. E, ainda, a sua definição está relacionada a bases recorrentes, mas que podem se contradizer ou se sobrepor em um mesmo filme.

Recordamos os argumentos de Ferro (1992) para defender que todo filme, seja imagem ou não da realidade, ficção ou documento, tem dimensão histórica. O autor considera que o filme pode ser usado como documento, uma fonte por meio da qual o historiador pode realizar a leitura histórica do filme e a leitura cinematográfica da história. As reflexões que visavam a elaborar uma metodologia para explorar a relação entre o cinema e a história garantiram a Ferro um lugar de destaque no estabelecimento de um novo lugar para o cinema junto ao conhecimento histórico.

A abertura desse espaço pode ser mensurada em trabalhos que se propõem a estudar a relação cinema-história. De modo geral, até o fim do século XX, os relatórios de pesquisa costumavam reservar muitas páginas para justificar a relevância do tema. Após a transição para o século XXI, o cenário tem se mostrado diferente, visto que são muitos os trabalhos acadêmicos que trazem o cinema-história e seu papel na educação como objeto de investigação. Já não há mais ineditismo na temática, tampouco são necessárias tantas páginas em defesa da legitimidade da pesquisa.

O cinema conquistou, portanto, espaço entre os historiadores para o exercício de seu ofício. Nesse percurso, novas análises revisaram uma série de posicionamentos inicialmente assinalados, especialmente quanto à predominante preocupação entre a maioria dos historiadores e professores de História com a fidelidade histórica do filme.

Ante o êxito de trabalhos pioneiros como os de Marc Ferro, Pierre Sorlin e Natalie Zemon Davis em validar o filme como fonte histórica, a produção historiográfica sobre o assunto tem procurado dilatar as fronteiras do cinema-história. Entender o filme a partir dele mesmo e as implicações para a sociedade das representações nele realizadas é um dos pontos que tem recebido bastante atenção, como lembramos por meio dos trabalhos de Lagny, nos quais a autora reivindica analisar o filme com temática histórica a partir da sua própria estrutura, imprimindo um viés teórico que dialogue tanto com o campo da história quanto com o campo dos estudos de cinema e da história do cinema. As pesquisas contemporâneas sobre o cinema-história o têm abordado, de modo geral, sob os princípios da história-problema.

Endossados pelas reflexões sobre o cinema-história, prosseguimos no esforço em entendê-lo, a fim de potencializar seu uso no processo educativo. Pensamos, então, algumas categorias para balizar a problematização da relação cinema e a circularidade do conhecimento histórico.

Antes de apresentá-las, convém salientar alguns riscos no uso de categorias. De fato, elas podem engessar o exercício analítico. A arbitrariedade em sua definição, que procura categorizar a partir de características, torna a categoria frágil e exceções indicam suas limitações.

Para minimizar as limitações da categoria, devemos dimensionar os objetivos do trabalho a ser realizado e se ela corresponde a esses objetivos. Outra postura relevante é reconhecer a fluidez na fronteira tipológica. Ou seja, a recorrência de características ajuda a construir uma categoria para o cinema com temática histórica.

Contudo, um filme costuma mobilizar distintas características em sua narrativa, tornando-o passível de ser pensado em mais de uma categoria. O que nos leva, então, a classificar um filme em determinada categoria e não outra? Justamente a predominância de características fortes que justifiquem sua categorização.

Lembramos, contudo, que a categoria é uma construção arbitrária e mesmo cineastas já tiveram dificuldades em classificar seu filme. É o que ocorreu com a animação **Valsa com Bashir** (Ari Folman, 2009), sobre os massacres de Sabra e Chatila, ocorridos na guerra entre Israel e Líbano, de 1982. Em entrevistas, o diretor Ari Folman reiterou que seu filme traz assertividades, porém procurou desenvolver uma linguagem dinâmica e atrativa para o público, especialmente o jovem. Em certa medida, essa produção tornou-se exemplo de um documentário de animação.

Como visto, as categorias possuem limitações. Todavia, consideramos que seu uso cuidadoso traz contribuições. Pensando na análise fílmica em sala de aula, as categorias podem colaborar como parâmetros, facilitar o acesso dos alunos aos caminhos da reflexão e favorecer o planejamento do trabalho didático do professor. Nesse sentido, apresentamos a seguir cinco categorias e uma categoria híbrida entre a ficção e o documentário: o docudrama.

CATEGORIAS PARA O FILME COM TEMÁTICA HISTÓRICA

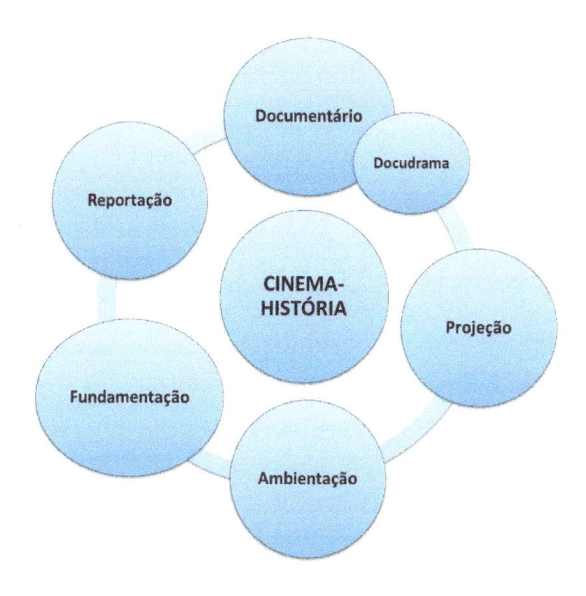

[Diagrama: CINEMA-HISTÓRIA no centro, rodeado por Documentário, Docudrama, Projeção, Ambientação, Fundamentação, Reportação]

Filme de ambientação histórica

É aquele que possui interesse para o conhecimento sócio-histórico, porém, sem intencionar ser uma representação histórica. Ou seja, seu enredo está contextualizado em determinadas temporalidades sem que isso se configure no eixo central do enredo. Nesse tipo de filme, a estrutura narrativa não tem foco na busca dos indícios dos acontecimentos e sujeitos históricos, mas a ambientação temporal permite o estabelecimento de inferências históricas.

Como exemplo de filme nesta categoria, tem-se um clássico da cinematografia europeia: **O ovo da serpente**, dirigido por Ingmar Bergman, em 1977. O filme se passa na Alemanha do entreguerras (1918-1939) e aborda a crise político-econômica vivenciada na República de Weimar. O diretor apresenta um enredo que pode desvelar aspectos da sociedade alemã daquele período, em especial o surgimento de políticas e concepções de organização social que culminaram na ascensão do nazismo. Entretanto, a abordagem fílmica não traz para primeiro plano, de modo explícito, a ideologia nazista em si, que sequer tem sua conhecida simbologia exibida. Sequências representando a ação de paramilitares violentando grupos sociais considerados indesejados ou a realização de experiências médico-psicológicas com cobaias humanas é que permitem ao espectador inferir a que tema da História o filme se ambienta.

O próprio título da obra pode servir como mote para despertar o interesse dos alunos. A reflexão estimulada pelo professor levará ao entendimento de que o ovo de serpente – animal simbolicamente associado ao mal – traz em si algo perigoso, que está prestes a surgir. A metáfora é significada pelo enredo fílmico, pois revela o mal em gestação na Alemanha daquele período. Bergman, desse modo, nos leva a problematizar um dos períodos mais autoritários e violentos da história do século XX sem mencionar explicitamente o grupo nazista.

Filmes de grande sucesso comercial (conhecidos, em inglês, como *blockbusters*) muitas vezes desenvolvem seu enredo em ambientação histórica, favorecendo a verossimilhança. É o caso de **Forrest Gump**, dirigido por Robert Zemeckis e estrelado pelo astro hollywoodiano Tom Hanks. Lançado em 1994, ganhou vários prêmios, incluindo o Oscar de melhor filme, e arrebatou multidões que foram ao cinema para ver/ouvir aquele se que tornou um dos mais famosos contadores de histórias.

O protagonista permanece todo o filme sentado em um banco de ponto de ônibus. Enquanto aguarda, conta suas histórias às pessoas com quem divide o banco. Suas memórias são representadas cronologicamente: infância, juventude, experiência na Guerra do Vietnã, sucesso como empresário no ramo da pesca. O filme perpassa a história dos EUA no século XX após a Segunda Guerra Mundial. As histórias de Gump tornam-se, assim, um bom percurso para problematizar questões contemporâneas – ainda que narradas sob o viés norte-americano – como: o movimento da contracultura da década de 1960, a luta dos negros pelos direitos civis, a Guerra do Vietnã. Além da excentricidade e carisma do personagem, o diretor Zemeckis usa trucagens em sua montagem colocando Forrest Gump em situações reais, documentadas, como uma participação de programa de TV com John Lennon ou a sugestão de que foi o responsável por trazer à tona o Caso Watergate. Estratégias de construção do filme que cativam o ouvinte/expectador e que podem ser aproveitadas pelo professor para estimular a reflexão em sala de aula.

Filme de projeção histórica

Costuma apresentar menos referências históricas diretas do que o filme de ambientação. Sua marcação temporal, geralmente, é ucrônica, quer dizer, voltada para o futuro ou para uma temporalidade indeterminada. A trama se desenvolve em locais que podem ser imaginados ou cidades conhecidas, mas em ambos os casos as geografias pertencem a uma cronicidade inédita. Como vemos, tais filmes possuem características do eixo ficcional, sendo recorrentemente inscritos na distopia, ou seja, a representação de uma sociedade em condições extremadas, tal qual uma antiutopia.

A narrativa fílmica termina por projetar uma sociedade cujas relações permitem inferir questões do tempo presente na realização de sua produção. Ou seja, conflitos, contradições e ideologias são trabalhados pelo filme na chave da ficção. Eis a significação e interesse histórico inerente aos filmes dessa categoria. O filme de projeção, portanto, está próximo das características do filme de ambientação, porém, não está voltado para uma temporalidade histórica verossímil.

Em 2009, o diretor canadense James Cameron, responsável por grandes sucessos do cinema, como **Aliens** (1986) e **Titanic** (1997), lançou um título que pode ser considerado um filme de **projeção**: **Avatar**. A trama desenvolve o confronto entre poderosas forças militares, que agem para garantir interesses de corporações econômicas na exploração de recursos naturais existentes na lua de Pandora, e os Na'vi, seus habitantes nativos. De um lado está a ganância comercial dos humanos, que tudo querem transformar em riqueza. Do outro lado estão os Na'vi, cuja harmoniosa integração com a natureza, apresentada ao espectador como surpreendente e maravilhosa, em flerte com o mito do bom selvagem de Jean-Jacques Rousseau, apresenta um modo de vida diferente e alternativo à ideologia do progresso não sustentável.

Os militares possuem tecnologia que lhes permitem um processo metamórfico temporário do soldado na espécie humanoide. Por meio desse *avatar*, os humanos estabelecem contato com a população local a fim de obter informações que viabilizem a exploração do planeta fantástico. A relação conflituosa inicialmente apresentada entre humanos e nativos é agravada à medida que o *avatar* do soldado Parker Selfridge começa a tomar consciência do modo de vida dos Na'vi, o que o leva a repensar os objetivos e consequências de sua missão. Ao mesmo tempo em que um pequeno grupo de soldados começa a ver a situação com os olhos do outro, a solução conciliadora se apresenta cada vez mais inviável.

A crítica cinematográfica e de público exaltou a qualidade dos efeitos visuais, realçados pelo uso da tecnologia 3D, bem como o equilíbrio do roteiro e trabalho de direção. Enfim, legitimou os vários prêmios e indicações recebidos pela película e reiterou Cameron como importante diretor da indústria cinematográfica hollywoodiana. **Avatar**, porém, não se notabilizou apenas no universo cinematográfico.

O filme foi imediatamente incorporado ao debate anti-imperialista como argumento para questionar o modelo de sociedade organizada em princípios militares e expansionistas que subjuga outros povos. A metáfora é facilmente verificável em exemplos históricos.

A crítica, todavia, tinha um alvo contemporâneo: a política norte-americana de guerra ao terrorismo, estabelecida pelo presidente George Bush após os ataques de 11 de setembro de 2001, que levou à retaliação do país pela invasão, no mesmo ano, contra o Afeganistão e à segunda guerra do Iraque (2003). A oposição interna às ocupações militares foi intensa, especialmente quando a justificativa usada de que o exército iraquiano possuía armas químicas se mostrou falsa. Apesar de Cameron ter revelado que pensou no roteiro enquanto filmava **Titanic** e o filme ter sido lançado após Bush deixar a presidência, o projeto **Avatar** foi desenvolvido no contexto da guerra ao terrorismo.

A polêmica foi acentuada no Oscar de 2010, quando a maior premiação do cinema de Hollywood contrariou o favoritismo de **Avatar** e elegeu Guerra ao Terror (originalmente *The Hurt Locker*) vencedor nas categorias: melhor direção, melhor filme, roteiro original, montagem, edição de som e mixagem de som. O roteiro – adaptado por Mark Boal de seu próprio livro, fruto da sua experiência como jornalista correspondente do confronto EUA x Iraque – acompanha um agrupamento antibombas em seu arriscado trabalho de desarmar artefatos explosivos em uma zona de guerra urbana. A diretora Kathryn Bigelow aborda no filme o drama do conflito para os soldados, cujo sucesso é sobreviver às arriscadas missões cotidianas no combate ao terrorismo. Por conseguinte, o drama passou a ser lido como um discurso pró-guerra que buscava sensibilizar o espectador da importância da ação militar e de como os soldados estadunidenses necessitavam de apoio.

A disputa entre **Avatar** e **Guerra ao Terror** na premiação do Oscar evidenciou, portanto, o conflito de posições políticas e ideológicas em curso. Do lado de **Avatar** se agruparam pacifistas e críticos da política de guerra ao terrorismo. Do outro lado, os defensores de que somente com o uso da força bélica se eliminaria a ameaça terrorista, na bandeira de que a guerra promove a paz. A intensidade dessa querela reitera as muitas possibilidades de trabalho com o(s) filme(s) em sala de aula.

Em 2010, **Avatar** e **Guerra ao Terror** (*The Hurt Locker*) polarizaram no cinema o debate sobre paz e imperialismo, que chegou à maior premiação da indústria do cinema: o Oscar da Academia de Hollywood.

Avatar, porém, não limita o professor de História a problematizar somente o presente, mas também questões relacionadas ao choque de civilizações ocorrido a partir do expansionismo marítimo dos séculos XV-XVI; e reconfigurado no neocolonialismo europeu no continente africano estabelecido no século XIX. Por essa chave, as análises podem transcorrer em torno do genocídio, da violência e da exploração praticados pela sociedade europeia contra os nativos dos continentes americano, africano e asiático. A disputa entre humanos e os Na'vi abre oportunidade para debater a longeva persistência do padrão civilizacional eurocêntrico, construído pela dominação colonial. Hierarquização entre povos que ainda ecoa como revelam as tensões decorrentes do processo de descolonização e a convivência entre dominantes/dominados no contexto de globalização.

O filme, portanto, favorece reflexões em uma dupla projeção: a do tempo presente e a do choque de civilizações no contexto da colonização. Em **Avatar**, James Cameron utiliza um artifício bastante usual nos filmes que mobilizam o tempo histórico: transferir para uma temporalidade distinta questões urgentes do tempo presente ou relativas ao passado, geralmente inscritas em grandes temas, o que os torna de grande interesse para a discussão histórica.

Filme com fundamentação histórica

Pode ser compreendido, por sua vez, como aquela produção cujo roteiro se sustenta em personagens, acontecimentos e conjunturas explicitamente localizadas em recortes temporais determinados. Diferentemente, portanto, dos *filmes de ambientação e projeção*, que não se referem a uma temporalidade histórica rigidamente delimitada, o *filme de fundamentação* tem na História o elemento organizador da narrativa.

O estreito vínculo com o conhecimento histórico faz com que esse tipo de filme, geralmente, se estruture a partir de ampla pesquisa considerando variadas fontes: dos trabalhos historiográficos às representações literárias, musicais, iconográficas ou nas tradições orais, por exemplo. Apesar de a História – ou determinado contexto histórico – ser o mote do roteiro, o enredo e a estética narrativa não se prendem, necessariamente, a uma rigorosa reconstituição dos fatos pesquisados, tampouco prima por uma pretensa fidelidade aos personagens e à cronologia.

Na proposta fílmica de fundamentação, sobressai a problematização histórica sem a premissa de recriar o passado aos moldes do princípio objetivista. Diretores responsáveis por filmes nessa categoria se permitem incoerências na abordagem dos fatos históricos, como fundir características de sujeitos históricos em apenas um personagem ou mesmo a criar personagens alheios ao processo histórico documentado para favorecer o enredo. Devido a essa flexibilidade, tornam-se corriqueiros deturpações e anacronismos históricos cometidos pelos diretores/roteiristas, às vezes de maneira explícita, com notório intuito provocativo.

O diretor Cacá Diegues, por exemplo, realizou alguns filmes que podem ser analisados dentro dos parâmetros do *filme de fundamentação histórica*, sendo três desses títulos referentes à temática do negro e da escravidão no Brasil: **Ganga Zumba** (1964), **Xica da Silva** (1976) e **Quilombo** (1984). Embora Diegues tenha sido um dos diretores que mais tenha filmado o tema do escravismo brasileiro, seu estilo carnavalesco e caricatural quase sempre provocou polêmicas entre crítica, público e historiadores.

De início, ressalvamos que os protagonistas dessas películas são importantes referências para a memória negra brasileira. Constatamos nessas produções a preocupação do diretor com a História, em especial, o papel do negro na formação da sociedade brasileira. Sobressai nesses títulos o cuidado da equipe de filmagem sobre o argumento e o roteiro. Não obstante, percebemos na constituição das sequências e direção de atores um viés carnavalesco, alegórico, aliás, uma marca nos trabalhos de Diegues.

Algumas passagens exemplificam por que podemos compreender os "filmes negros" de Cacá Diegues como *filmes de fundamentação histórica*. Em **Ganga Zumba**, sequências em que grupo de negros dança ao som de atabaques nos apresentam mulheres cujos figurinos assemelham-se à ala das baianas das escolas de samba carioca. Em **Quilombo**, após enfrentar uma árdua jornada em sua fuga rumo ao quilombo, o futuro líder negro Zumbi é recebido pelos aquilombados de Palmares com festiva celebração.

Entre esses dois filmes, Cacá Diegues lançou **Xica da Silva**, que também aborda a sociedade escravista, mas apresenta outra perspectiva de inserção e resistência do negro. Em **Ganga Zumba** e, posteriormente, em **Zumbi**, o diretor focaliza a resistência que se estabelece no confronto, enquanto **Xica da Silva** apresenta as possibilidades de negociação dentro das regras do sistema escravista.

O filme se passa nas Minas do ouro, na região dos diamantes, cuja extração era rigidamente controlada pela Coroa portuguesa. Ali, João Fernandes de Oliveira, contratador português arrematante dos direitos de exploração das cobiçadas pedras, envolveu-se com a escrava Chica da Silva. Amasiados, Chica foi alforriada e a relação gerou uma dezena de filhos.

Renovações historiográficas ocorridas após meados da década de 1970, sobretudo, ampliaram a compreensão das relações escravistas no Brasil. Nesse sentido, a narrativa cinematográfica da ex-escrava, cujo enredo se constrói sobre uma linguagem carnavalesca e de comédia, permite ao professor propor reflexões sobre questões estruturantes da sociedade da América portuguesa como: o significado e os limites da liberdade; o papel da mulher; as formas de negociação entre a elite branca e os marginalizados sociais.

Xica da Silva contribui para outra relevante discussão relacionada ao uso do filme nas aulas de História: o anacronismo. Indesejado por ser um grave erro na análise histórica, o anacronismo consiste na atribuição de valores incompatíveis à temporalidade analisada/representada, sendo a incorreção cronológica uma espécie de convite para que esse equívoco se realize. Os filmes com temáticas históricas estão sujeitos a esse deslize, e as críticas, especialmente quando realizadas por professores e historiadores, não costumam relevar o erro.

Em **Xica da Silva**, selecionamos dois exemplos de imprecisão cronológica dos fatos históricos e anacronismo. O personagem de José Rolim, amigo de Chica da Silva, representa o discurso anticolonial que culminaria no movimento da Inconfidência Mineira (1789). Depois de ir a Vila Rica (Ouro Preto), o personagem de Rolim retorna ao Tejuco (Diamantina), foragido pelo seu envolvimento na sedição. Contudo, cronologicamente, a Inconfidência que levou padre Rolim à prisão ocorreu quase duas décadas depois de Chica já estar separada de seu companheiro e protetor, pois o contratador João Fernandes precisou retornar a Portugal, em 1771.

Críticas mais contundentes se fizeram quanto ao comportamento liberal e erotizado com que Chica da Silva é representada. Realizadas já no lançamento do filme, muitos atacaram o filme apelidando-o de *pornoxica*. A volúpia pública de Chica da Silva seria uma contradição aos valores daquela sociedade representada historicamente.

O anacronismo inerente ao comportamento da protagonista se revela justamente no conflito entre os padrões da sociedade colonial e a liberação sexual vivenciada a partir da década de 1960. Acrescentamos que tais críticas ultrapassaram a questão do anacronismo. O filme se tornou pivô de polêmica entre o diretor e grupos militantes pelos direitos da mulher e da população negra. As críticas, como as elaboradas pela historiadora e ativista Beatriz Nascimento, denunciavam o diretor de explorar sexualmente a imagem da negra brasileira e, assim, reforçar estereótipos racistas e depreciativos de submissão.

Como vemos, nessas três destacadas representações cinematográficas que enfocam o negro na sociedade da América portuguesa, Diegues nos apresenta cenas contrárias à ideia de objetividade ou reconstituição histórica. A linguagem carnavalesca e alegórica do enredo sobre a história, incorreções cronológicas e até abordagens anacrônicas reforçam os cuidados que se deve ter ao usar o cinema-história na educação.

Contudo, esses "senões" não provocam prejuízos para a compreensão histórica a partir do filme, desde que o professor tenha o cuidado em problematizar as representações fílmicas enquanto fonte, de modo que o anacronismo e outras incorreções seja o ponto de partida para reflexões sobre o processo histórico. Aliás, cuidados esperados e extensivos a qualquer tipo de fonte usada para a mediação do conhecimento histórico.

Educacionalmente, sequências controversas favorecem, inclusive, a abertura de espaço para esclarecimentos, correções de informações, fomentando a produção do conhecimento histórico. Por meio desse procedimento, acreditamos que o estudante/espectador compreenda tais inserções e opções da produção fílmica valendo-se da chamada liberdade artística, um recurso para o desenvolvimento da narrativa cinematográfica. Afinal, um filme com temática histórica continua a ser um filme.

Maria Antonieta, dirigido por Sofia Coppola, em 2006, também nos oferece reflexões instigantes nesse sentido. A diretora polemizou ao narrar a trajetória da princesa Maria Antonieta, acompanhando-a desde sua partida, ainda criança, do reino da Áustria para se casar com o príncipe da França.

A produção se esmerou em relação à pesquisa de figurino e cenário, porém alguns aspectos chamaram atenção do público e da crítica. Em dado momento, é filmado o *closet* da rainha com dezenas de sapatos, entre eles um par de tênis de uma grife contemporânea. A escolha de músicas modernas e eletrônicas para sonorizar as festas palacianas, regadas a bebidas e jogatina, também chamou a atenção. Teria sido descuido? Imprecisão histórica?

Sofia Coppola, a partir da corte palaciana francesa do século XVIII, nos estimula a refletir sobre a sociedade contemporânea. O espectador é provocado a confrontar analiticamente os valores e modos de conduta da nobreza do Antigo Regime – representada como luxuosa, fútil e supérflua – com os valores consumistas e exibicionistas vivenciados no capitalismo e explicitados com a popularização das redes sociais na internet.

Filme de reportação histórica

Por fim, é considerado aquele realizado com o objetivo de representar um acontecimento, com o intuito deliberado de reconstituir o passado. Além da correspondência na recriação fílmica o mais próximo possível da temporalidade representada, o êxito desse tipo de filme é mensurado na sua capacidade de despertar a sensação de vivenciar a época, de modo a reportar o passado. Nos casos das grandes produções, não é incomum que o processo de reportação desencadeado pelo filme possa vir associado à exploração comercial de outros elementos como vestuário, publicações, brinquedos, objetos *vintage*, podendo se tornar referência para uma tendência de comportamento e consumo, ainda que momentânea.

Mais do que ocorre no filme de *fundamentação histórica*, as pesquisas acadêmicas e as representações correntes no imaginário social sobre o tema são imprescindíveis para a produção do *filme de reportação histórica*, pois há a expectativa de que o audiovisual fílmico funcione como uma janela temporal para o espectador. Mas será que isso é mesmo possível?

Frequentemente, o *filme de reportação* também recebe o rótulo de *épico* e é adjetivado como superprodução. Inclusive, a precisão de reconstituição temporal (perceptível em elementos do filme como figurinos, falas, gestual dos personagens, cenários, fotografia e narrativa dos fatos históricos), que cada vez mais explora os efeitos especiais computadorizados, tende a ser utilizada como publicidade para atrair espectadores.

A intencionalidade histórica e o apelo publicitário que costumam acompanhar esse tipo de filme, entretanto, devem ser lidos, também, como alerta ao seu uso pedagógico. Na prática, o professor precisa frustrar a propaganda. No ambiente educacional o aluno não pode assistir ao filme como se uma janela temporal se abrisse para ele, como se fosse possível presenciar o acontecimento histórico. A máxima de que "um filme é um filme" deve ser para os professores uma lembrança constante na apropriação do cinema para fins educacionais.

No Brasil, **Independência ou Morte** (1972) é um bom parâmetro de *filme de reportação*. Lançado na ocasião do sesquicentenário da Independência, o filme, dirigido por Carlos Coimbra, tem como protagonista Tarcísio Meira no papel do imperador D. Pedro I.

Sobressaltam no filme estreitos laços com o livro *As maluquices do Imperador,* de Paulo Setúbal, lançado em 1927. Como indica o título, aspectos pitorescos da vida do imperador são narrados em um misto de história e curiosidades. O livro se tornou um sucesso de público que perdurou nas décadas seguintes. Salientam-se, aqui, semelhanças ao momento atual do ramo editorial, que tem explorado títulos voltados à história ora romanceada, ora satirizada. Esse tipo de livro, contudo, costuma despertar nos historiadores contundentes críticas: seja pela imprecisão e deturpações na interpretação do processo histórico, seja por má-fé do autor ao se pautar por polêmicas que favoreçam ganho financeiro. Retornando a relação entre o livro e o filme, ressaltamos que as peripécias do príncipe regente e jovem imperador se firmaram no imaginário, ao ponto de reaparecerem em outras representações audiovisuais de D. Pedro I.

Todavia, o filme de Carlos Coimbra mescla o viés humorístico da vida privada do imperador com abordagens mais sisudas da História.

Em vários momentos temos a impressão de que foram filmadas passagens do livro *História Geral do Brasil*, escrito por Francisco Adolfo de Varnhagen, em 1854, e que tanto influenciou a educação histórica escolar do país. As telas da iconografia produzida por pintores oitocentistas são outro conjunto de fontes que inspiraram as filmagens de **Independência ou Morte**. Vários enquadramentos do filme parecem a vivificação dos temas pintados, principalmente, por Jean-Baptiste Debret.

Inspirada na produção histórica do século XIX, a narrativa cinematográfica da Independência do Brasil elaborada por Carlos Coimbra inicia com a tensão em torno da abdicação do Imperador, em 1831. Então, opera um retorno temporal (*flashback*) à corte joanina no Brasil e passa a seguir a linha cronológica, factual, sem proporcionar questionamentos ao processo histórico. Como resultado, o filme apresenta uma perspectiva bem ao estilo da História dita positivista: do evento, personificada, num estilo narrativo sem espaço para a reflexão. Assim, nos 150 anos da Independência, o cinema levou ao público uma versão conhecida dos livros escolares de História e que atendia ao período festivo, exaltando a pátria e os principais atores políticos responsáveis pelo Brasil independente, especialmente, D. Pedro I.

O filme foi rodado e lançado em plena Ditadura, cujos governantes defendiam que o cinema buscasse valorizar aspectos históricos e culturais nacionais. Por trabalhar um tema tão caro à História nacional, o ditador presidente-general Médici o assistiu e externou em elogioso telegrama sua satisfação com o trabalho de Coimbra. O telegrama presidencial (reproduzido a seguir) foi mobilizado no material publicitário do trabalho como atestado de qualidade e precisão histórica. A Embrafilme procurou, então, fazer de **Independência ou Morte** parâmetro para os filmes de cinema-história que intentassem representar fidedignamente o passado. Sem sucesso.

> **Telegrama**
> Acabo de ver o filme "Independência ou Morte" e desejo registrar a excelente impressão que me causou. Está de parabéns toda a equipe: Diretor, atores, produtores e técnicos pelo trabalho realizado

> que mostra o quanto pode fazer o cinema brasileiro nos caminhos de nossa história. Este filme abre amplo e claro horizonte para o tratamento cinematográfico de temas que emocionam e educam, comovem e informam as nossas plateias. Adequado na interpretação, cuidadoso na técnica, sério na linguagem, digno nas intenções e, sobretudo, muito brasileiro. Independência ou Morte responde à nossa confiança no cinema Nacional.
>
> Emílio G. Médici, Presidente da República.
(MÉDICI apud BERNARDET, 1982, p. 60)

Os *filmes de reportação* parecem ser mais aceitos nas aulas de História do que os demais tipos de categorias fílmicas aqui pensadas. Uma hipótese para essa percepção talvez seja o objetivo manifesto nesse tipo de filme em abordar a História de modo a criar a sensação de vivificá-la. Tal intenção, contudo, não deve ser entendida como imparcialidade discursiva. O exemplo a seguir nos esclarece a esse respeito.

Em 2003, Eric Till dirigiu e lançou Lutero. Coproduzido por Alemanha e Estados Unidos, o filme, cujos diálogos são em inglês com passagens em latim, ganhou ares de superprodução. Desde então, o título é frequentemente lembrado nos livros didáticos como referência filmográfica para o conturbado tema da Reforma Religiosa. A trajetória do padre e professor de teologia Martinho Lutero é apresentada a partir de seus conflitos existenciais com as práticas e dogmas da Igreja, que os levou a publicá-los em suas famosas 95 teses. Como consequência dos textos do padre alemão, o pontificado exigiu retratação. A recusa de Lutero, somada ao apoio de parte da nobreza e da população alemã, levou ao início do luteranismo como nova religião cristã, à ruptura com Roma e às intensas guerras religiosas na Europa; uma vez que outras regiões também romperam com o poder papal graças ao princípio da livre interpretação da Bíblia, defendido por Lutero.

No campo cinematográfico, a narrativa histórica conduzida para a telona foi elogiada pela crítica. Não obstante, seu uso escolar na discussão da Reforma e da liberdade religiosa pode ser potencializado se nos atentarmos a alguns pontos. Primeiramente é saber que, em

1953, o diretor norte-americano Irving Pichel levou ao cinema **Martin Luther** (Martinho Lutero). O filme, rodado em preto e branco, é uma explícita referência para Till, que manteve sua filmagem bem próxima da estrutura narrativa do trabalho de Pichel, de 50 anos antes.

Um segundo aspecto, comum às duas versões fílmicas, mas que sobressai na direção de Eric Till, diz respeito à caracterização dos grupos católicos e protestantes. O comportamento católico é praticamente denunciado pelos diretores. O Papa, seus assessores e os rituais da Igreja são representados com excessivo luxo, como antiéticos, corruptos e autoritários. Por outro lado, Lutero caminha pela humildade e serenidade, tornando legítimas suas reflexões e seus questionamentos aos desvios das práticas católicas. A estrutura narrativa funciona como estratégia para atrair o espectador para a causa "justa" de Lutero e seu grupo. De fato, a polarização entre bem e mal se mantém até o fim. Enquanto Lutero e seus seguidores edificam uma nova religião na Europa, a crise no catolicismo é exemplificada pela falta de dinheiro para velas no velório do Papa Leão X, bem como a dificuldade de encontrar nomes para sucedê-lo em momento tão delicado do pontificado.

O terceiro aspecto a ser destacado é rapidamente apresentado no início do filme de Eric Till, e pode passar despercebido por não estar diretamente relacionado à dramatização. Logo na abertura, uma cartela apresentava mais de uma dezena de logomarcas de instituições luteranas que contribuíram financeiramente para a produção – posteriormente essas marcas deixaram de ser veiculadas, todavia sua referência oculta permanece na indicação de financiamento pela organização *Thrivent Financial for Lutherans*. Aparentemente essa informação não está atrelada à estrutura narrativa. Mas será que não está mesmo? Ao recuperarmos a polarização com que os grupos conflituosos são representados e o título, percebemos que o filme mitifica a figura histórica de Lutero e a legitimidade da causa luterana. Não é necessário muito esforço, portanto, para reconhecer que o resultado cinematográfico dessa leitura da Reforma Protestante alinha-se a um lado do conflito e este não contraria seus principais financiadores.

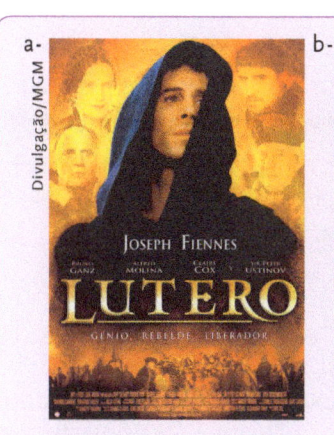

Lutero, de Eric Till (a), é um filme presente nas aulas de História. Uma proposta instigante é analisá-lo comparativamente com a versão de Irving Pichel (1953), cuja publicidade (b) a compreendia para além da ficção, ao afirmar que ela:
"era mais dramática do que a maioria dos filmes de ficção".

Documentário

É, provavelmente, o estilo fílmico que provoca maior sensação de legitimidade quando se pensa o filme na educação. Em grande medida, isso decorre do aspecto objetivista, ainda idealizado na narrativa histórica. É a persistência do "como aconteceu?". O valor inquestionável da imagem filmada, uma tradição marcada por Bolesław Matuszewski, no século XIX, perdura na associação documentário-verdade. Contudo, isso é uma perigosa armadilha para a problematização do conhecimento histórico. Por isso, cabem algumas considerações sobre essa categoria para a análise fílmica.

Conforme visto, o documentário pode ser considerado um gênero cinematográfico – há inclusive festivais e premiações voltados a essa linguagem. Ademais, suas características permitem considerá-lo, também, uma das grandes estruturas fílmicas. A produção do documentário está assentada na ampla pesquisa de fontes documentais, frequentemente sustentada por depoimentos de protagonistas diretos ou indiretos do acontecimento histórico narrado, de modo a estabelecer uma produção memorialística que intenciona a reflexão.

> Em poucas palavras, documentário é uma narrativa com imagens-câmera que estabelece asserções sobre o mundo, na medida em que haja um espectador que receba essa narrativa como asserção sobre o mundo. A natureza das imagens-câmera e, principalmente, a dimensão da tomada através da qual as imagens são constituídas determinam a singularidade da narrativa documentária em meio a outros enunciados assertivos, escritos ou falados (RAMOS, 2013, p. 22).

Historicamente, a linguagem documental sofreu significativas mudanças, sobretudo pelo advento do uso do som e de novas possibilidades de montagem. Presente no cinema como filme-testemunho, desde a época silenciosa, o documentário passou a ser francamente caracterizado pela narração conduzida por uma voz fora do campo de filmagem – também conhecida como *voz off*, *voz oculta* ou *voz de Deus*. Essa é considerada a forma clássica do documentário. E foi ela que tanto contribuiu para associá-lo à perspectiva educativa, pois se estruturava com uma imponente voz que tudo sabia e apresentava os dados coletados de diversas fontes ao espectador. Porém, esse estilo é pouco admirado pelos estudantes na sala de aula, sendo criticado pela monotonia, excessivo didatismo e quase inexistente espaço para reflexão. Aliás, críticas extensivas ao cinema educativo como um todo.

A gravação do som direto, popularizada a partir da década de 1960, contribuiu para renovar a linguagem do documentário. Um novo estilo de narrativa passou a ser valorizado, com maior participação de entrevistados. Nesse período, a história oral também se afirma como metodologia da pesquisa histórica. Ainda que dinamizada pelo lugar de fala dos próprios atores do processo histórico, mas sem abrir mão de momentos da *voz off*, nem dos recursos de ilustrações aos depoimentos (como fotografias, objetos, sons), a sugestão de verdade permanece como valor intrínseco ao documentário.

Outro momento significativo para mudança na linguagem documental ocorre na transição para o século XXI. Dois elementos tecnológicos contribuem para tal: 1º) a popularização de câmeras digitais, barateando a filmagem e ampliando o número de pessoas com acesso à tecnologia; 2º) a difusão de programas de edição para computadores, favorecendo a montagem de filmes no âmbito doméstico. Esse cenário foi potencializado pelos canais de difusão de vídeos na rede mundial de computadores – YouTube, *blogs*, redes sociais, etc. Reflexo dessas mudanças, a própria linguagem da comunicação passa por transformações, tornando-se mais flexível, com mais colagens e montagens. Será que essas mudanças na linguagem implicaram alterações na sua percepção pelo público?

Parece que o espectador contemporâneo tem compreendido as inovações realizadas por diretores que exploram outras possibilidades para o documentário. Compreendendo-o como um filme – com estruturas construtivas similares ao filme ficcional tais como intencionalidade, seleções, edições, argumentos (NICHOLS, 1999) –, esse gênero fílmico tem ganhado acabamentos dinâmicos e ampliado sua audiência.

Apesar de as mudanças na linguagem do documentário estimularem o questionamento de sua narrativa, ainda predomina um elevado grau de expectativa de objetividade e valor de verdade que essa estrutura fílmica carrega. Ao usar o documentário em sala de aula, consideramos essencial adotar cuidados para relativizar a ideia de verdade que ele ainda traz. Do contrário, nos deparamos com um considerável obstáculo para problematizar o conhecimento histórico.

O espectro do documentário clássico pode ser encontrado nos filmes do INCE comentados anteriormente. Dificilmente a exibição desse estilo de filme fará sucesso em uma turma de estudantes da geração da internet e dos *smartphones*. Ainda que um trabalho de sensibilização seja realizado, explicando as características do filme, faça com que os estudantes compreendam sua importância dentro do planejamento didático, isso provavelmente não vai fazer com que ele caia no gosto dos alunos. Já filmes mais recentes, com linguagem mais dinâmica, como alguns trabalhos de Michael Moore, anteriormente mencionados, tendem a ser mais palatáveis. Além disso, sua intencionalidade explícita, que procura convencer o espectador a concordar com os argumentos do diretor, costuma estimular a reflexão.

Surplus, produção sueca dirigida por Erik Gandini, em 2003, é um título emblemático para o documentário produzido no início do século XXI. O filme constrói uma crítica ao sistema de produção e consumo não sustentável que marca a economia atual. O diretor lança mão da linguagem publicitária para montar seu filme de quase 1 hora de duração. Repetição de sequências, deslocamento de imagens e áudio de seu contexto original, cortes rápidos, texto irônico narrado em voz *off*, caracterizam o filme. A música é outro elemento que compõe a construção de sentidos da narrativa. **Surplus**, assim, mobiliza uma linguagem televisiva, da internet e humorística de fácil identificação no espectador. A crítica estabelecida em três correntes – capitalista, socialista e primitivismo – também costuma gerar boas reflexões.

Todavia, nem todo documentário mais atual usa e abusa dessas novas linguagens da comunicação em sua produção. **Cidadão Boilesen**, dirigido por Chaim Litewski, lançado em 2009, por exemplo, contribui para pensar a Ditadura Militar no Brasil, a resistência e a parcela civil da sociedade que contribuiu para a repressão. A minuciosa pesquisa, que levou mais de 10 anos, dá suporte à narrativa e ilustra os argumentos, mas sem exaurir o espectador. Isso porque a problematização é a tônica da narrativa. O documentário começa indagando transeuntes se eles conheciam Henning Boilesen, nome que batiza a praça onde filmam, na cidade de São Paulo. Seu formato valoriza as entrevistas e depoimentos com participantes da guerrilha que combatia o regime militar, vítimas de tortura, personalidades políticas do período, bem como pessoas ligadas a Boilesen, empresário de origem dinamarquesa que financiava grupos da repressão e tortura, como a OBAN (Operação Bandeirante), e terminou assassinado. O filme procura garantir o local de fala a todos que se disponibilizaram a falar, sem perder sua intencionalidade de contribuir para recolocar memórias e elementos de uma história pouco abordada na própria historiografia.

Apesar das diferenças de ritmo, montagem e recursos, **Surplus** e **Cidadão Boilesen** exemplificam que, independentemente da técnica empregada, um bom documentário é aquele que desperta interesse e proporciona reflexões.

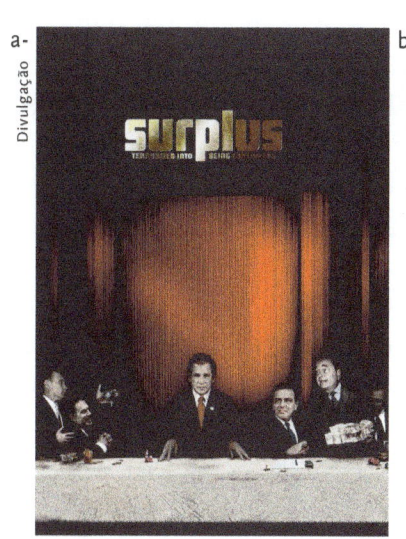

Docudrama

É um tipo de produção híbrida, localizada entre o documentário e a ficção. De fato, a intencionalidade desse tipo de produção, em apresentar objetiva e assertivamente uma temática, favorece a circularidade do conhecimento histórico e revela sua interface com o documentário. Contudo, o viés ficcional é outra marca nesse tipo de linguagem audiovisual. Dramatizações com atores, muitas vezes profissionais, constituem parte da estrutura narrativa. Ou seja, há uma mescla da técnica documentária mais direta, geralmente sem ensaio, com elaborações de planos-sequências, por vezes gravados com atores profissionais, que reiteram o argumento narrado na trama.

Observados em paralelo – o documentário e o docudrama –, é consenso que este tende à personalização, a valorizar a dramaticidade e os aspectos psicológicos do protagonista; enquanto aquele procura trabalhar mais objetivamente o acontecimento histórico. Nesse sentido, concordamos com Fernão Ramos (2013) que, embora a inspiração no fato histórico seja o elo, são formatos distintos.

A produção de docudramas, aqui entendidos na sua dimensão fílmica – o que nos leva a excluir dessa reflexão as telenovelas e as séries –, segue uma linguagem marcadamente melodramática, na qual a emotividade é destaque, afinal o melodrama é sua outra matriz de origem. A proliferação de programas televisivos de investigação histórica ou mesmo a documentar determinada temática tem gerado muitos episódios nessa seara. Alguns temas como a Segunda Guerra Mundial ou a vida de pintores famosos lançam mão desse recurso melodramático, como recorrentemente podem ser assistidos nos canais pagos de televisão History Channel ou Arte 1.

É importante, também, não confundir docudrama com filmes de ambientação, fundamentação ou reportagem históricas. Nesse sentido, entendemos que um filme de ficção baseado na história – por exemplo, **O que é isso, companheiro?** (Bruno Barreto, 1997) ou **Lamarca** (Sérgio Rezende, 1994) – não é documentário, tampouco se trata de docudrama. São filmes ficcionais com temática histórica; em ambos os casos, a fundamentação é a característica predominante.

Os longas-metragens assentados nas características do docudrama se constroem com o propósito de abordar uma memória, produzir um registro, tal qual um documentário, mas supervalorizando a dramaticidade da história narrada, explorando o aspecto psicológico dos personagens. Dois filmes sobre as memórias da violência repressiva e tortura durante a Ditadura Militar são interessantes para pensar essas questões.

O primeiro filme, **Que bom te ver viva** (1989), dirigido por Lúcia Murat poucos anos após o fim do regime militar, está na fronteira, sendo frequentemente classificado como documentário – quando foi lançado, a discussão sobre docudrama ainda não estava em destaque. A diretora, ela mesma resistente política e sobrevivente às torturas nos porões da Ditadura, mobiliza memórias recentes, feridas latentes de ex-torturadas pelo governo militar. **Que bom te ver viva** procurou explorar o aspecto psicológico dessas sobreviventes, as estratégias para resistir e não enlouquecer, sem esconder as sequelas. Por meio de um intenso e emotivo monólogo, entrelaçado a depoimentos e cenas cotidianas das mulheres, a atriz Irene Ravache articula as memórias, mesclando a liberdade criativa de interpretação do texto com as entrevistas e documentação.

O outro título é **Trago Comigo**, dirigido por Tatá Amaral e lançado em 2016. No filme, Carlos Alberto Riccelli interpreta o protagonista

Telmo, diretor teatral e ex-torturado. Com bloqueio de lembranças do período em que foi preso por combater a Ditadura, especialmente quando relacionado à sua ex-namorada, decide montar uma peça de fundo autobiográfico para tentar relembrar os acontecimentos. Lapsos e lembranças de suas memórias se sucedem e o seu passado vai sendo reconstituído. Durante o ensaio da peça, sua direção dos atores se faz extremamente didática, explicando detalhadamente os meandros da repressão e da tortura aos jovens atores.

Tatá Amaral monta o filme costurando o ensaio da peça e a apresentação final, provocando no espectador deslocamentos na temporalidade narrativa (o passado e suas lacunas; o presente e a tensão da incompreensão e a busca da lembrança; e o futuro como momento de entendimento, conciliação com o passado, simbolizado pelos aplausos da plateia) para acompanhar a história como se fosse a montagem de um quebra-cabeça. Durante o filme, entrevistas com sobreviventes da repressão da Ditadura reforçam a história reconstruída pelo protagonista. **Trago Comigo** carrega, ainda, um detalhe que aumenta a carga dramática: quando o entrevistado cita o nome de algum agente da repressão identificado como seu torturador, o áudio é censurado por meio de uma inserção sonora. No final da exibição, uma cartela explica ao espectador que a autocensura foi uma opção de precaução para evitar possível processo judicial.

Inscritas na ideia de **cinema-história**, percebemos pontos de tangência entre as categorias propostas para análise do filme: *documentário, docudrama, projeção, ambientação, fundamentação e reportação históricas*. Elas podem, muitas vezes, ajudar a mapear características, iluminar processos analíticos em consonância aos objetivos do trabalho a ser desenvolvido. Mas, assim como os gêneros fílmicos, tais categorias para o cinema-história devem ser tomadas como sugestões, não como parâmetros rígidos.

Elementos da linguagem fílmica

As reflexões sugeridas para pensar as características do filme devem ser tomadas de modo inflexível? Não acreditamos que seja produtivo utilizar essas características como uma camisa de força, pois é possível perceber variações nas concepções entre os próprios estudiosos do tema. Por outro lado, as considerações relativas às categorias cinema-história – ambientação, projeção, fundamentação, reportação, documentário e docudrama – objetivam qualificar o uso do filme para a discussão do conhecimento histórico, sobretudo no espaço escolar.

Observar tais características do cinema-história possibilita ao educador ampliar o repertório a ser utilizado na elaboração e condução de práticas didáticas que tenham o filme como elemento articulador para o debate histórico. Porém, devemos reconhecer outros elementos, inerentes à estrutura interna do filme, que complementam o domínio desse repertório. A estrutura narrativa fílmica passa pelas escolhas de planos, cortes, ângulos, câmeras. Enfim, articular analiticamente esses elementos constitui a *decupagem*, assim definida por Ismail Xavier:

> Classicamente, costumou-se dizer que um filme é constituído de sequências – unidades menores dele, marcadas por sua função dramática e/ou pela sua posição na narrativa. Cada sequência seria constituída de cenas – cada uma das partes dotadas de unidade espaço-temporal. Partindo daí, definamos por enquanto a *decupagem* como o processo de decomposição do filme (e, portanto, das sequências e cenas) em planos (XAVIER, 2005, p. 27).

A *decupagem*, se realizada com o rigor praticado pelos profissionais do cinema, é uma tarefa complexa, minuciosa e requer tempo para ser finalizada. Por isso, aplicá-la na correria do cotidiano escolar provavelmente será contraproducente. Contudo, compreender seu processo nos leva para além da perspectiva do uso educativo do filme, pois são operações necessárias ao desenvolvimento da educação do olhar. Nesse sentido, o conhecimento pelo professor dos aspectos da linguagem fílmica lhe capacita para uma espécie de decupagem indireta, subsidiando-lhe na apropriação do cinema-história em seu trabalho. Para tanto, seguem algumas considerações relativas aos aspectos elementares para a leitura fílmica – elaboradas a partir de um saber consolidado e técnico do assunto que pode ser aprofundado nos variados manuais de cinema.

Montagem fílmica: sequência, cena e plano

Como sinalizado por Ismail Xavier (2005), o filme se constrói a partir do somatório de sequências que narram visualmente um acontecimento temporalmente localizado. A sequência é constituída pela cena, ou seja, pelas imagens que transcorrem no mesmo contexto temporal e espacial na narrativa fílmica. A cena, por sua vez, é composta por conjunto de planos, compreendidos como os elementos imagéticos apresentados ao espectador.

O filme é, assim, a exibição da imagem em movimento constituída pela estrutura *Plano-Cena-Sequência*. Sobressai por esse entendimento a importância da montagem cinematográfica como ação que confere à narrativa fílmica o ritmo e o sentido. A articulação dos planos constitutivos da cena se estabelece pelo chamado *corte*, quer dizer, pela sua interrupção/continuidade. Curiosamente, há muitas representações desse importante momento da feitura do filme, seja em outros filmes, programas humorísticos ou mesmo em desenhos animados, que é o famoso grito do diretor: "corta!".

Grande parte dos diretores prevê na decupagem o momento em que o corte será realizado na filmagem. De fato, há uma orientação para a interrupção da tomada (*take*, em inglês), ou seja, cessar a gravação iniciada desde o momento em que a câmera foi ligada. Observamos que é comum – e até necessária – a realização de várias tomadas de um mesmo plano até que o diretor considere satisfatória a filmagem, ao que se identifica na claquete, por exemplo, "Plano 12 / Tomada 1; Plano 12 / Tomada 2; Plano 12 / Tomada 3...".

> A claquete é um dos ícones da produção fílmica. Trata-se de um quadro, geralmente feito de madeira, que traz informações básicas daquela tomada de cena. Seu uso marca o início da filmagem e serve de referência para sincronização entre as sequências e a sonoplastia. A claquete é importante para a organização do rolo de filme ou formato digital, orientando a montagem posterior.

> Atualmente, claquetes eletrônicas têm se popularizado nos *sets* de filmagens, mas o modelo tradicional continua presente.

A interrupção da filmagem segue, geralmente, uma orientação prévia no roteiro. Mas é na montagem que se estabelece o exato momento do corte da tomada e sua continuidade. A cumplicidade entre o montador e o diretor – que, muitas vezes, assume o processo de montagem – é determinante para o sucesso dessa etapa do trabalho.

A transição entre o final de um plano e o início do outro, ou seja, do plano "A"/"B" revela a técnica do corte/montagem empregada pelo montador. Geralmente, o movimento ocorre de modo quase instantâneo, mas os planos podem receber tratamentos como transposição lenta, escurecimento ou clareamento, superposição, etc.

Salvo quando o diretor possui a intenção de incomodar o espectador para provocar interrupções na lógica da narrativa, é recorrente que a montagem forneça elementos para a compreensão do filme sem sobressaltos. Daí a importância da continuidade nesse processo, pois ela estabelece coerência entre os cortes e os planos que se sucedem nas sequências. Lapsos na continuidade (por exemplo: a retomada de um plano no qual há diferenças no cenário, figurino ou mesmo de personagem, em relação ao corte anterior) não costumam passar despercebidos pelo público e críticos.

O filme se consolida, portanto, na edição das interrupções e continuidades das cenas. Ressaltamos que essa dinâmica não se faz somente pela linearidade, mas também pelas elipses na história e na montagem paralela, recurso muito utilizado na narração de acontecimento simultâneo, geralmente em espaços diferentes, mas com tendência à convergência, como nas situações de aventura, perseguição, corrida contra o tempo. É na montagem que os planos previstos no roteiro são organizados de modo a construir o significado das sequências.

Uma vez montado, a imagem-movimento termina por transmitir a ideia de realidade à história narrada. Nesse sentido, há dois aspectos relevantes a serem observados por nos ajudar a distinguir a *realidade* da *sensação de realidade* proporcionada pelo filme: a *diegese* e a *não-diegese*.

Os elementos diegéticos dizem respeito ao mundo representado no filme, ou seja, fazem parte da história narrada. Enquanto efeitos sonoros, eles simulam sons da realidade conforme a cena realizada. Por exemplo, os passos dos personagens ao caminhar no assoalho, o cantar de pneus em uma perseguição automobilística, o telefone que toca na sala, a música no rádio que motiva os personagens a dançarem, os barulhos de uma tempestade, tiros em um assalto.

A temporalidade do filme é, como se sabe, diferente da marcação do relógio. Ou seja, o tempo transcorrido na narrativa cinematográfica – que pode ser de um dia, de anos, de décadas na vida do personagem – é o tempo da realidade fílmica, portanto, o tempo diegético. O filme Boyhood, dirigido por Richard Linklater (2014), é um bom exemplo para entendermos a oposição entre o tempo real e o tempo diegético. O diretor apostou em um ousado projeto que levou 12 anos para ser concluído: acompanhar a trajetória de um garoto da sua infância à juventude, mantendo o elenco principal. A vida de Mason começa a ser acompanhada aos 6 anos e termina quando ele entra na faculdade, aos 18. Todo esse tempo diegético transcorre em quase três horas-relógio de exibição fílmica.

Quando se fala em não-diegese, diz-se respeito aos elementos que entram no filme, mas que são externos à realidade representada. Como contraponto ao esclarecimento dado para a diegese, citamos as músicas da trilha sonora que compõem a cena para o espectador, mas não fazem parte da realidade dos personagens. Por exemplo, a música tocada enquanto um náufrago solitário tenta sobreviver em meio ao oceano. Nesse caso, a trilha sonora funciona como elemento emotivo para o público, mas inexistente para o personagem que luta pela sua vida.

Enquadramento: percepção de planos e posicionamentos de câmera

Uma das explicações para o fascínio exercido pelo cinema sobre as pessoas é a sensação de vivência que a projeção proporciona. A imagem em movimento potencializa essa sensibilidade em relação à fotografia ou à pintura, sobretudo quando assistida na atmosfera escura e silenciosa da sala de cinema, pois ocorre uma interrupção momentânea no cotidiano do expectador, que mergulha numa outra atmosfera durante a exibição do filme. Na sala de cinema, um conjunto de variadas emoções estabelece uma *pseudointeração* entre o espectador, os personagens e a história narrada. Parte desse efeito se deve ao enquadramento, ou seja, como a imagem é apresentada na tela.

O enquadramento decorre da combinação entre plano, altura da câmera e ângulo de filmagem. De modo geral, o plano pode ser compreendido como a distância entre a câmera e o foco da filmagem, que pode ser um cenário, um objeto ou personagem, filmados em separado ou em conjunto. É possível identificar alguns planos correntemente usados pelos diretores, como: *geral*; *médio* ou de *conjunto*; *americano*; *primeiro plano*; *primeiríssimo plano*; e *plano de detalhe*.

- **Plano geral:** nesse tipo de plano, a posição da câmera permite um enquadramento mais aberto, de modo a proporcionar ao espectador uma visão mais ampla, o que lhe permite visualizar toda a área onde a ação é desenvolvida. Por isso mesmo é também chamado de *plano panorâmico*, especialmente quando usado em ambientes externos.

- **Plano médio ou de conjunto:** aqui, o enquadramento também oferece ao espectador uma boa percepção do espaço filmado, contudo em perspectiva um pouco mais fechada do que o plano geral ou panorâmico. Alguns manuais de cinema distinguem o plano médio, considerado para a filmagem do personagem, e o de conjunto, voltado para o espaço. Mas a distinção não é um rigor, pois a principal característica nesses tipos de plano é permitir que os elementos que o compõem, como personagens e cenários, sejam observados com relativo detalhamento, sem, contudo, perder a noção do espaço. Na sequência que transcorre em ambiente interno, por exemplo, um personagem ou um grupo de atores é filmado de corpo inteiro, mas o cenário continua visível na cena.

- **Plano americano:** conhecido por apresentar os personagens acima da altura da cintura, quando muito dos joelhos. No plano americano, portanto, não é mais possível ter a dimensão total do espaço da cena, como nos oferecem os planos geral ou médio/conjunto. Apesar do enfoque no personagem, esse plano ainda exibe na cena outros elementos que estão próximos dele.
- **Primeiro plano:** esse plano enfatiza uma determinada situação. Se comparado ao plano americano, o personagem ou objeto é enfocado de modo mais fechado, daí ser conhecido como *close* ("fechado", em português), o que favorece um contato mais próximo com o espectador. Bastante adotado para destacar expressões faciais, o primeiro plano de um personagem geralmente o enquadra acima do peito.
- **Primeiríssimo plano:** o grau de detalhamento do objeto ou personagem filmado é ainda maior do que o realizado pelo primeiro plano, por isso o primeiríssimo plano é também chamado de *grande close* ou *close-up*. O personagem filmado nesse plano quase sempre é apresentado dos ombros para cima, salvo quando o rosto não é o objetivo do *close-up*.
- **Plano de detalhe:** como sugere o nome, a filmagem procura mostrar um detalhe do objeto/personagem filmado. A cena é dominada pelo detalhe, por exemplo: um olhar, a boca, uma tatuagem, uma textura, um botão. Os diretores costumam extrair desse plano detalhado da imagem importantes efeitos psicológicos para a interação entre o espectador e o desenvolvimento da narrativa fílmica.

A sequência da escadaria de **O Encouraçado Potemkin** é uma das mais influentes do cinema mundial. Os planos, os cortes e a montagem dão ritmo e dramaticidade a narrativa. Os frames do primeiro plano (a), plano de conjunto (b) e plano de detalhe (c) exemplificam o impacto decorrente da filmagem e edição de Eisenstein na famosa sequência do carrinho de bebê que segue escada abaixo durante o massacre praticado pelos soldados czaristas.

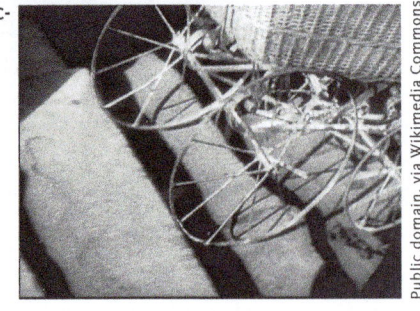

O Encouraçado Potemkin
(dir. Eisenstein, 1925)

Além da distância entre o objeto filmado e a câmera que caracterizam os planos, o posicionamento da filmadora também é determinante para a produção da cena. A altura da câmera orienta a visão do espectador e o influencia na decodificação da imagem. Destacamos três alturas básicas, das quais podem se desdobrar outras, na realização de um filme:

- **Câmera normal ou horizontal**: quando o câmera procede a filmagem conforme a posição natural do olhar humano, ou seja, horizontalmente. É como uma correspondência entre um suposto "olho da câmera" com a visão do espectador. Quer dizer, as pessoas, o cenário e/ou objetos são filmados na linha horizontal em relação à câmera.
- **Câmera alta ou *plongée***: a câmera é posicionada acima da linha de visão normal para focalizar a pessoa ou o objeto de cima para baixo. Projetada na tela, visualização da imagem

filmada por uma câmera alta leva o espectador a uma espécie de mergulho (*plongée*, em francês), permitindo-lhe um amplo campo de visão do personagem ou coisa filmada, o que tende a proporcionar um efeito psicológico de apequenamento, inferioridade do visualizado.

- **Câmera baixa ou contra-*plongée***: é o contraponto da câmera alta, ou seja, a filmagem ocorre de baixo para cima. A opção pela câmera baixa costuma ser adotada para destacar a imagem filmada. Por esse ângulo, é reforçada a ideia de superioridade e importância do personagem, cenário ou objeto naquele momento na narrativa, visto que a imagem se impõe dominadora sobre o espectador.

Como variação das alturas das câmeras alta e baixa, temos a *zenital* ou *plongée absoluto*, cujo nome é referência ao zênite astronômico, aqui apropriado figurativamente para indicar o ponto mais elevado. A câmera em zênite é, portanto, posicionada no alto, verticalmente, formando ângulo reto com o que vai ser filmado. Por oposição, temos o *contra-zênite* ou *contra-plongée absoluto*, pela qual a câmera mira diretamente para cima.

Seguimos com alguns frames de **O Encouraçado Potemkin**, para nos auxiliar didaticamente com alguns procedimentos de filmagem. A mãe recolhe nos braços o corpo do filho e desesperadamente volta a subir a escada em direção aos soldados. Nessa sequência, Eisenstein inverte o sentido comum atribuído à colocação da câmera alta *(plongée)*/baixa *(contra-plongée)*. O plano com câmera baixa da mãe ao pé da escada (a), enfrentando seus algozes, a dignifica em sua dor. No contraplano, a câmera alta nos soldados (b), preparados para atirar, destaca a violência e leva o espectador a se incomodar com a ação. Os jogos de câmera, contribuindo para a identificação e significado da narrativa fílmica, denunciava o conflito de classe na Rússia czarista.

Dessa forma, seguem exemplos de câmera alta e baixa: sequência do massacre na escadaria de Odessa:

O Encouraçado Potemkin (dir. Eisenstein, 1925)

Outro elemento importante para a composição do enquadramento é o lado do ângulo da câmera. Nesse quesito, destacamos quatro posições essenciais:

- **Frontal:** quando o plano é filmado com a câmara defronte ao personagem ou objeto.
- **Traseira:** a câmera nesse ângulo está oposta à posição angular frontal, que faz o personagem ou objeto ser visto em seu reverso, por trás.
- **Lateral ou de perfil:** a lateralidade ou o perfil do personagem é obtido com a câmera formando, aproximadamente, um ângulo reto com o centro da imagem de referência filmada.
- **Plano de 3/4:** é o ângulo formado pela câmera e o personagem/objeto em uma posição intermediária entre a posição frontal e a lateral.

Movimentos de câmera

À escolha das referências para o enquadramento, procede-se à filmagem, o que implica os movimentos de câmera. O resultado da captura da imagem influencia diretamente a receptividade do filme pelo espectador, portanto, algumas observações a respeito são bem-vindas para o desenvolvimento da educação do olhar.

De início, destacamos os pontos de vista da câmera, que tem as perspectivas objetiva e subjetiva. Em síntese, a câmera objetiva exerce o papel do narrador que não está envolvido na descrição. É como se acompanhasse imparcialmente a cena, apenas revelando o que acontece, tal qual um narrador em terceira pessoa. Isso faz com que o espectador mantenha distância do desenrolar da trama, como se fosse um observador neutro.

A perspectiva subjetiva, por outro lado, adota a posição de um dos personagens, geralmente à altura do seu campo de visão. Neste caso, a interação entre o espectador e o "personagem-câmera" é estreitada, pois o plano é filmado em meio à subjetividade do personagem, o que acentua a dramaticidade da sua interação com outros personagens e elementos da sequência. O consagrado diretor Alfred Hitchcock nos oferece em Psicose (1960), um de seus mais conhecidos filmes, um exemplo da câmera subjetiva. Falamos da icônica sequência da história do cinema: o assassinato por esfaqueamento da personagem Marion, enquanto tomava banho no Hotel Bates. A sequência é composta por uma dinâmica de alternância de planos, mas quando a câmera adota a visão da vítima é inevitável a cumplicidade do espectador ante o vulto que a golpeia.

Outra noção básica para a leitura de uma sequência fílmica é a de campo e contracampo. De modo geral, o campo traz o(s) personagem(ns) e/ou outros elementos da cena, enquanto o contracampo nos dá a sua tomada reversa. A alternância de visão oferece uma percepção mais global do desenrolar da sequência e potencializa a interatividade com o público. Considerando ainda a sequência do assassinato no banheiro em Psicose, a sucessão de planos, ora na visão de Marion, ora na do agressor, desperta emoções no espectador durante a luta da vítima pela vida.

A obtenção das imagens pode ser realizada com a câmera fixa, nesse caso, geralmente em um suporte, como o tripé. Apesar de fixa, os elementos da cena podem se movimentar, inclusive, muitas vezes, o personagem entra e sai do enquadramento na mesma sequência. Ainda na posição fixa, pode-se realizar uma visão panorâmica, por meio do giro da câmera no seu próprio eixo, tanto na horizontal quanto na vertical.

O deslocamento da câmera pode ser realizado com ela à mão do responsável pelo manuseio, bem como apoiada em algum tipo de suporte móvel. Em todo o caso, o efeito provocado na imagem acentua a ideia de movimento e amplia o campo de visão para o espectador. Quando o movimento é lateral e rápido, recebe o nome de *chicote*, dada a semelhança com o chicotear.

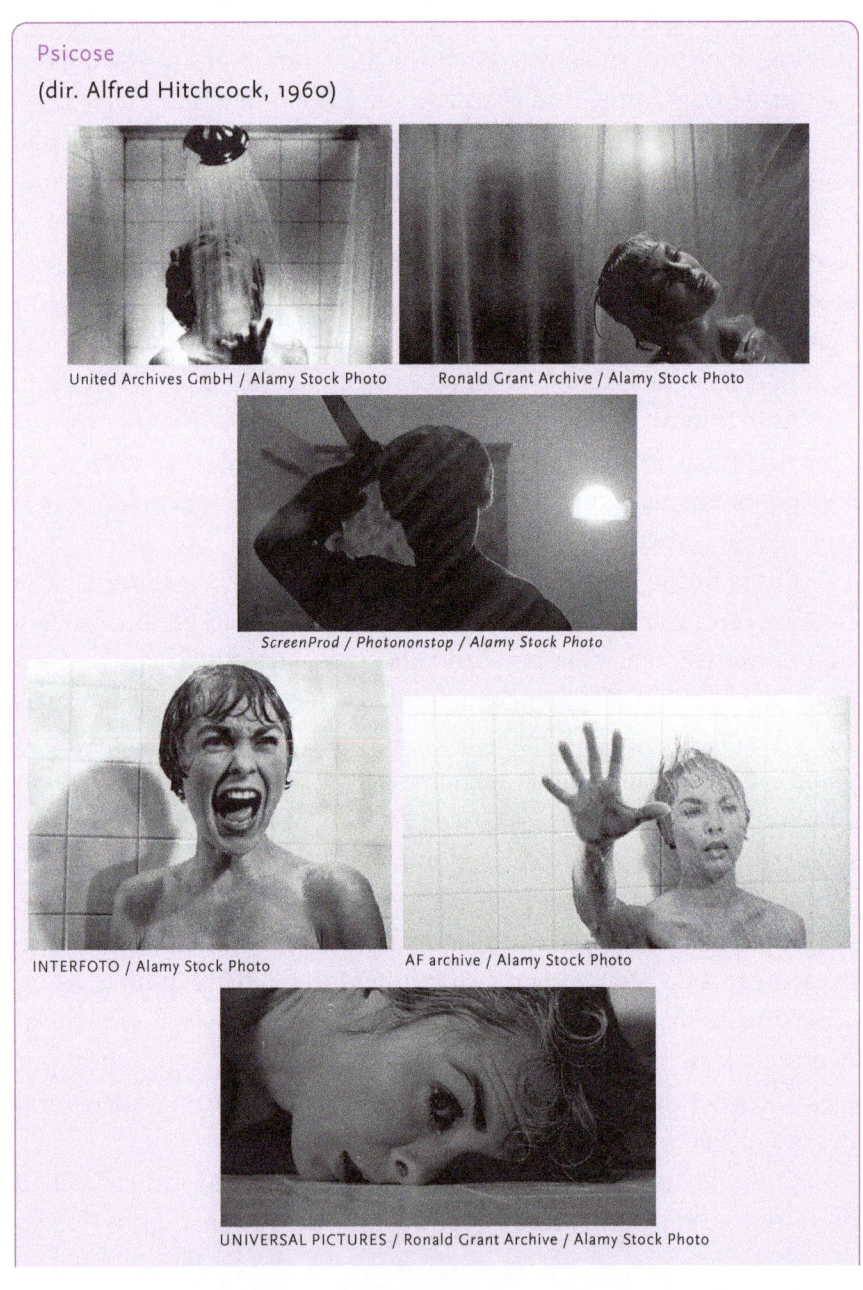

Psicose
(dir. Alfred Hitchcock, 1960)

United Archives GmbH / Alamy Stock Photo

Ronald Grant Archive / Alamy Stock Photo

ScreenProd / Photononstop / Alamy Stock Photo

INTERFOTO / Alamy Stock Photo

AF archive / Alamy Stock Photo

UNIVERSAL PICTURES / Ronald Grant Archive / Alamy Stock Photo

> Alfred Hitchcock trabalhou com variadas posições de câmeras para a sequência do assassinato de Marion, no banheiro do Hotel Bates. A sucessão de cortes, planos e contraplanos comandada por Hitchcock faz da montagem desta sequência uma referência na história do cinema.

Para movimentos mais extensos, dá-se o nome de *travelling* ("viajando", em português), pois o deslocamento da câmera transmite a ideia de viajar. O *trav* (em sua abreviatura) geralmente é feito com a câmera postada em um suporte, como carrinho sobre trilhos ou grua, mas também à mão. O mais significativo nessa ação é proporcionar a sensação de acompanhar o movimento dos personagens ou qualquer outro deslocamento no plano (como veículo, animal), bem como oferecer uma panorâmica do cenário, como a vista da cidade ou da natureza. Em relação ao personagem ou objeto filmado, os movimentos de *travelling* são variados e podem ser: circular, aéreo, de acompanhamento, de afastamento.

Outro recurso amplamente utilizado nas filmagens deriva da regulagem das lentes, conhecido como *zoom*. Por meio desse manuseio, o câmera nos aproxima (*zoom in*) ou nos afasta (*zoom out*) do personagem ou objeto focado. O *zoom in* pode ser a chave para se estabelecer um primeiríssimo plano ou plano de detalhes, bem como criar a sensação contrária com o *zoom out* e nos revelar um plano geral. A utilização do *zoom* pode, então, dramatizar e contribuir para o entendimento do roteiro.

***

Ao abordar esses aspectos da linguagem cinematográfica, um leigo poderá achar muito técnico, enquanto algum especialista considerará demasiado reducionista. No entanto, a proposta deste livro é pensar o uso do filme para o ensino de História e estimular a educação do olhar a partir do cinema. Assim, acreditamos que abordar os elementos básicos da estrutura das imagens em um filme contribui para seu melhor entendimento. Ao analisar o filme considerando as referências para o enquadramento dos planos e outras questões técnicas inerentes à linguagem cinematográfica, percebemos que não se trata de um procedimento difícil. O professor e o estudante se familiarizam com os códigos da narrativa fílmica por meio do exercício da prática analítica, conforme esperado no desenvolvimento da educação do olhar. Pensando no universo da disciplina de História, a expectativa é que as aulas na interface com o cinema-história tendam a ser mais estimulantes à medida que se amplia o domínio desse instrumental pelos discentes.

Conforme observado, não se espera que o professor desenvolva uma decupagem rigorosa, descrevendo plano a plano o filme que utilizará em sua aula. Contudo, levar em conta os aspectos da estrutura fílmica enriquece e estimula o planejamento do trabalho a ser desenvolvido com os alunos. A análise dos elementos internos, somada às questões externas – como se verá a seguir –, qualifica as reflexões históricas propostas em diálogo com o filme.

CAPÍTULO 3

EM AÇÃO... O FILME NA AULA DE HISTÓRIA

Rodrigo de Almeida Ferreira
Juniele Rabêlo de Almeida

Indicamos, neste último capítulo, algumas ações que podem contribuir para a reflexão histórica a partir do diálogo entre o cinema e a história. Elas foram pensadas para a sala de aula, mas são perfeitamente adaptáveis aos contextos não escolares, como projetos extensionistas, ciclos de debates, oficinas de formação, entre outras situações.

No primeiro momento, seguem reflexões de como informações relativas ao processo de produção do filme, consideradas como elementos analíticos externos, podem contribuir para a discussão da educação em História. No segundo momento, abordaremos a elaboração e uso de fichas de análise no processo de ensino e aprendizagem com o filme. Posteriormente, apresentaremos uma proposta de atividade a ser desenvolvida por meio da construção de um *blog* que mobilize o cinema e a história. Dedicamos, ainda, atenção ao uso do filme nas aulas de História com adultos, especificamente para a modalidade da Educação de Jovens e Adultos (EJA). Lançamos, por fim, algumas ideias para pensar a história pelo cinema a partir da própria realização cinematográfica, ou seja, o produto da reflexão seria justamente a produção de um filme.

Elementos para análise fílmica na sala de aula

A análise fílmica em sala de aula pode contemplar duas dimensões interdependentes (mas, para fins didáticos, podem ser acessadas autonomamente): interna e externa. Como uma possibilidade metodológica, a partir da comunicação entre os elementos internos (narrativa fílmica) e os externos (processo de produção e divulgação), consideramos cinco perspectivas que contribuem para a reflexão do filme em sua relação com a história: 1) contextualização do tema; 2) contextualização da produção; 3) produção financeira; 4) repercussão; 5) narrativa fílmica.

Antes da análise de cada uma dessas cinco perspectivas, precisamos abordar os cuidados que se deve ter na observação fílmica. Devemos atentar, por exemplo, para o fato de que uma descrição detalhada de um plano ou conjunto de planos é importante, porém, dificilmente nos dará a dimensão de todo o filme. Entender, de maneira global, os princípios da constituição das imagens cinematográficas é um passo fundamental para a compreensão do filme e do desenvolvimento da educação do olhar.

O livro, em sua dimensão textual, permite a compreensão dos argumentos por meio da própria escrita. A sequência fílmica, por sua vez, contém múltiplos elementos que configuram o ritmo fílmico. A apreensão do ritmo ultrapassa a descrição narrativa. Ela se faz não somente por meio do texto dos personagens, mas também pelas ações dos atores, das intensidades das expressões, da trilha sonora, das tonalidades de cor, enfim, uma variável de elementos sensoriais que são quase impossíveis de serem percebidos pelo espectador apenas pela sua descrição. Quando o filme é pensado para uma atividade didática relacionada à História, portanto, é preciso ampliar as fontes a fim de estimular a análise dos jovens-estudantes.

A articulação cuidadosa dos recursos, a serem mobilizados na metodologia do trabalho, minimiza os riscos de dois equívocos recorrentes na análise fílmica, conforme observados por Vanoye e Goliot-Lété (2012). O primeiro é quando se acredita estar interpretando e reconstruindo o filme, enquanto o que se faz é efetivamente uma descrição. O segundo equívoco é a via contrária, ou seja, interpreta-se o filme antes de proceder à sua descrição.

Acreditamos que, resguardando-se do risco de realizar a interpretação fílmica sem descrever o filme ou vice-versa, o professor encontra-se mais amparado para evitar outra indesejável prática no procedimento analítico. Trata-se da já assinalada polaridade de perspectivas objetividade/subjetividade, que pode comprometer o trabalho educacional com o cinema-história.

Um dos pontos basilares para fugir a essas armadilhas é procurar ultrapassar o aspecto realista frequentemente enfrentado pelo cinema-história. Não restam dúvidas de que é lícito aos filmes ficcionais ou documentários, inspirados e orientados pela história, utilizar dados histórico-acadêmicos e de outros formatos narrativos para criar livremente sua narrativa fílmica. Por outra via, não se pode desconsiderar a subjetividade inerente à narrativa fílmica, sem que isso implique negligenciar as interpretações historiográficas. Ou seja, a análise empreendida visa a escapar às limitações decorrentes das cobranças polarizadas entre realismo/subjetividade, valorizando, na estrutura fílmica, elementos que permitam a reflexão da construção da narrativa histórico-cinematográfica como história pública, posto que o filme dialoga com a história, mas não a substitui.

Como temos destacado até aqui, quanto mais instrumentos de que o professor/aluno se apropriar para proceder a análise fílmica, mais produtivo tende a ser o trabalho. Uma vez definido o uso do filme como prática para a construção do conhecimento histórico, ele não pode ser tratado como um apêndice, um elemento menor nesse processo, visto que:

> Trazer filmes, textos ficcionais e outros produtos artísticos para a cena da Pesquisa e do Ensino de História, portanto, é fazê-los dialogarem com o trabalho dos historiadores, ao invés de os tratar como parceiros menores e ignorantes, a serem corrigidos pela ciência. E descobrir que muitas são as vozes com direito à fala reflexiva (no plano do conceito ou no plano do sensível) sobre História (SILVA, 2009, p. 156).

Desde as primeiras considerações de Marc Ferro sobre o cinema-história, a análise fílmica tem recebido os devidos cuidados, afinal a tarefa é complexa e permite uma variedade de procedimentos. Passaremos, agora, às reflexões sobre as perspectivas que contribuem para a observação do filme em sua relação com a História:

Análise Fílmica
- Contextualização do tema
- Contextualização da produção
- Produção financeira
- Repercussão
- Narrativa fílmica

Contextualização do tema

O vínculo com a realidade social é um dos primeiros motivos a despertar atenção de professores, dos alunos e do público em geral pelo cinema-história. Por isso, avaliar os referenciais usados para a construção da película deve ser tomado como procedimento básico para pensá-lo com fins educacionais.

A contextualização do tema representado no filme diz respeito diretamente ao conteúdo histórico. Enquanto professores, devemos estimular o diálogo entre os textos acadêmicos, os materiais educacionais, o conhecimento histórico corrente no senso comum e a perspectiva adotada na narrativa cinematográfica. Para dimensionar a circularidade do conhecimento histórico, é importante considerar os manuais didáticos utilizados pelos alunos, pois, ainda, constituem a principal referência e acesso ao conteúdo da disciplina escolar.

Por meio dessa operação dialógica, acrescentamos o elemento fílmico ao debate sobre o conteúdo histórico. A prática pedagógica em História recomenda a problematização do material didático escolar.

Afinal, ele não deve ser adotado como fonte exclusiva para a construção do conhecimento histórico, tampouco está isento de críticas, sobretudo ante as considerações acadêmicas e o saber circulante na sociedade.

O mapeamento de outras narrativas sobre a temática é o passo seguinte na identificação das referências usadas pelo cinema-história. Alguns suportes narrativos costumam figurar como referências preferenciais entre cineastas que se aventuram a abordar a História por meio de suas lentes.

Ressaltamos que adaptações literárias, tanto de livros produzidos no período que se quer representar quanto de produções extemporâneas, ambientadas em determinado período ou sobre determinado personagem histórico, são recorrentes na história do cinema. A iconografia também é frequentemente acionada pelos cineastas, que procuram inspiração nas telas para pensarem a composição da cena: iluminação, figurinos e cenários. Diante disso, vale observar as diversas fontes de pesquisa que compõem o cinema-história. Claro está que a ascendência da literatura e da pintura sobre os diretores de cinema não impede que outras referências – como a música, a arquitetura, a oralidade ou as tradições populares – sejam consideradas e, também, influentes.

Apesar de ser uma importante etapa para a análise da produção fílmica, contextualizar o tema não é tarefa simples. Haveria alguma explicação para essa dificuldade? A principal razão é que as referências históricas e culturais nem sempre são explicitadas no filme para além da advertência inicial "inspirado (ou) baseado na obra". De fato, poucos são os títulos que destacam ou apresentam elementos que permitem a identificação de referências históricas ou de outra natureza sobre a temática.

Um exemplo de exceção é **Chico Rei**, dirigido por Walter Lima Júnior (1985). O filme é sobre Galanga (rebatizado como Francisco e apelidado de Chico Rei), rei africano aprisionado e vendido como escravo para Minas Gerais. Nas minas de ouro, conseguiu alforria e passou a trabalhar para libertar companheiros de cativeiro. Corrente na tradição popular negra e mineira, *Chico Rei* é um mote para abordar o complexo tema da escravidão no Brasil. Nesse sentido, a lenda ganha significado histórico à luz do escravismo.

O diretor teve a preocupação de apresentar, no início do filme, duas cartelas: uma explicativa sobre a escravidão e outra indicativa das fontes inspiradoras do filme, destacando a literatura e a memória do negro. Ao final da exibição, outra cartela apresenta seis referências bibliográficas sobre o escravismo e liberdade.

> Quando chegou ao cinema, além da corrente tradição oral e festiva da memória negra, especialmente nas congadas de Minas Gerais, a história de Chico Rei já havia sido representada em diferentes suportes narrativos:
>
> - Cecília Meireles lhe dedicou alguns cantos no seu **poema** *Romanceiro da Inconfidência* (1953);
> - No **romance** *Chico Rei*, de Agripa Vasconcelos (1966);
> - Na **música**, pela ópera *Maracatu de Chico Rei*, de Francisco Mignone (1933);
> - Como **enredo carnavalesco** da escola de samba carioca Acadêmicos do Salgueiro (1964).
>
> Dessas referências, Walter Lima Júnior indica na segunda cartela que o filme se baseia na "tradição oral mineira", na "memória do negro brasileiro" e em "Cecília Meireles". Na cartela final, cita como "fontes essenciais de consulta" o romance de Agripa Vasconcelos, além de autores que são reconhecidas referências sobre a escravidão e liberdade: Nina Rodrigues, Jacob Gorender, Maurílio de Gouveia, Arthur Ramos e Frantz Fanon.
>
> A ausência de registros que permitam acompanhar sua possível trajetória explica por que a historiografia ainda sente falta de uma abordagem específica sobre *Chico Rei*. Não obstante, por estar inscrito no contexto da escravidão, o personagem permite reflexões sobre o período, especialmente no tocante ao significado da liberdade e os modos de conquistá-la, e a ruptura da ordem escravocrata. Nesse sentido, o filme **Chico Rei** começa a receber atenção no

> campo do cinema-história – inclusive a pesquisa de doutoramento *Cinema, História Pública e Educação* o tomou, ao lado do filme *Xica da Silva*, como objeto de análise (FERREIRA, 2014).

Contextualizar a temática do filme, de modo a reconhecer na narrativa a discussão historiográfica e outras abordagens que ajudaram na sua elaboração, é outro procedimento relevante a ser realizado. Por meio dele, ampliamos a percepção corrente de que o filme na educação funciona somente como reforço do conteúdo mediado pelo livro didático e/ou aulas expositivas.

O êxito na realização desse procedimento nos permite analisar o cinema-história como elemento colaborador na construção do conhecimento histórico, por exemplo, do Escravismo ou da Segunda Guerra Mundial. Significa considerá-lo como uma fonte, um documento que pode ser tão importante para a educação histórica quanto os textos acadêmicos e/ou outras formas narrativas sobre aquela temática, sem incorrer na hierarquização de saberes.

O professor, independentemente do seu repertório (referente a literatura, teatro, música, tradições populares, etc.), poderá planejar atividades com o cinema-história. Vale, porém, estimular os espaços de pesquisa nas práticas de ensino. Acreditamos que, mesmo com recursos escassos, o professor conseguirá utilizar o cinema na sala de aula, encantar seus alunos e, consequentemente, estimulá-los a verem abordagens distintas sobre temas históricos por meio dos filmes.

Contextualização da produção

A produção de um filme está imersa no cenário político, econômico, social e cultural do momento em que foi realizado. O cinema-história possui, nesse sentido, uma dupla temporalidade: uma é referente ao período histórico representado; outra diz respeito ao contexto em que é filmado. Buscar essas dimensões, portanto, amplia a compreensão de significados do filme para além de seu enredo.

Os realizadores de cinema, especialmente os agentes centrais do processo fílmico (diretor, roteirista, câmeras, atores e montadores), são influenciados pelo contexto vivenciado. Inclusive, muitas vezes, extraem das relações sociais os temas para realizarem seus filmes e aproveitam a produção para demarcar posição ante as disputas (políticas, econômicas, culturais, sociais, ideológicas) vigentes. Isto é, quando se produz um filme sobre temas passados, parte-se de questões presentes devidamente problematizadas no processo histórico. Nesse aspecto o cinema-história se apropria da clássica lição de Lucien Febvre: a História é filha do seu tempo.

O ato cinematográfico está, portanto, imbuído de intencionalidades. O filme não somente representa o homem no tempo, como termina por documentar o contexto em que ele foi realizado – observação extensiva às demais produções audiovisuais. Nessa direção, é oportuno relembrar as considerações sinalizadas por Marc Ferro em seu artigo "O filme como contra-análise da sociedade":

> O filme tem a capacidade de desestruturar aquilo que diversas gerações de homens de Estado e pensadores conseguiram ordenar num belo equilíbrio. Ele destrói a imagem do duplo que cada instituição, cada indivíduo conseguiu construir diante da sociedade. A câmera [...] desvenda o segredo, apresenta o avesso da sociedade, seus lapsos (FERRO, 1992, p. 86).

A linguagem artística tem sido uma destacada cronista. A ponte temporal passado-presente estabelecida pelo filme com temática histórica pode ser mais ou menos explícita. Artistas costumam atribuir significados políticos às suas produções, algo que se destaca em períodos autoritários, a despeito das ações cerceadoras da liberdade que acompanham esses governos. Em momentos de restrição da liberdade de manifestação, é recorrente no cinema-história o exercício da meta-história, uma visão explicativa do contexto, deslocando questões decorrentes das tensões do tempo presente para o roteiro como recurso de expressão.

Acontece que, às vezes, a produção fílmica não consegue disfarçar as críticas e, então, os encarregados pelo controle governamental às manifestações políticas e culturais restringem o filme em sua totalidade ou trechos: a opressiva censura. Outras vezes, as problematizações presentes na película não são percebidas pelo público imediatamente.

Ainda assim, ao considerar a conjuntura da produção fílmica e seus reflexos no filme, o professor mobiliza não somente o conteúdo do período representado, mas também o momento em que ele foi filmado. As observações realizadas a respeito dos filmes **Avatar** (James Cameron) e **Guerra ao Terror** (Kathryn Bigelow) são exemplares para dimensionar como questões contemporâneas interferem nos filmes e como estes recolocam a discussão para o público. Embora possuam características distintas, as questões do Estado bélico e do choque de culturas se impõem como temas. As diferenças de concepções dos diretores sobre o assunto são explícitas.

O contexto histórico das filmagens, contudo, nem sempre é facilmente reconhecível. É preciso, então, buscar outros elementos para decodificar metáforas, alegorias e analogias usadas na produção, sobretudo quando os órgãos censores são atuantes. Para dimensionar esse aspecto, voltamos ao filme **Chico Rei**.

Walter Lima Júnior começou as filmagens em 1979, após o projeto ter sido aprovado em uma linha de incentivo da Embrafilme (*Projeto Filme Histórico*, 1977). Por contendas judiciais entre os produtores, porém, o lançamento ocorreu somente em 1985, coincidindo com o último ano de governo militar da ditadura implantada com o Golpe de 1964.

Nesse período, a sociedade civil brasileira vivenciava a expectativa da redemocratização, experimentando suspiros de liberdade em práticas como a suspensão do AI-5 (Ato Institucional nº 5, no final de 1978), a anistia aos exilados políticos que retornavam ao Brasil e a volta do pluripartidarismo. Ainda assim, o Estado ditatorial mantinha sua estrutura centralizadora e repressiva. **Chico Rei**, portanto, foi produzido naquele que ficou conhecido como o último período da ditadura ou *distensão*.

Em **Chico Rei**, Walter Lima procurou na história do escravismo discutir algo além: a liberdade. Contrário à Ditadura, o diretor aproveitou as críticas à América portuguesa para construir a ponte temporal passado-presente. Foi estabelecida uma analogia entre os administradores portugueses, representados como corruptos, incompetentes e autoritários, com os governantes do país naqueles anos iniciais da década de 1980. Em várias sequências, críticas aos militares brasileiros são transferidas aos agentes administrativos das Minas do Ouro.

Valendo-se do contexto histórico do século XVIII como escudo, o filme apresenta, por exemplo, cenas de tortura conduzidas pelo governador e militares contra os colonos – algo que soa como denúncia aos abusos do Estado repressivo e à violência nos porões da Ditadura.

Se o filme traz críticas mais diretas, resguardadas pelas contestadas práticas administrativas portuguesas, Walter Lima também operou discursos políticos mais sutis. A pressão pela anistia e a distensão política foram negociadas em diversas instâncias entre a sociedade civil e o governo. Em certa medida, a partir de 1979 predominou a perspectiva da conciliação, sobrepondo-se à opção pela resistência armada, que foi violentamente reprimida e praticamente desarticulada no governo do ditador Médici.

Considerando as relações escravocratas como mote, o diretor promove o debate sobre os modos para se alcançar a liberdade. O protagonista representa a possibilidade da negociação. O escravo aproveita as regras vigentes para obter a alforria e, por meio do trabalho, conseguir libertar outros cativos. Enquanto a resistência direta à escravidão, aquela realizada pela ruptura violenta, que envolvia confronto contra os senhores, fuga e aquilombamento, é apresentada como ineficaz ou paliativa, já que a condição de cativo perdura e ele é devolvido ao seu senhor caso recapturado.

Desse modo, Walter Lima pontuou em **Chico Rei** um novo olhar relativo às relações escravistas. Uma perspectiva historiográfica que ainda se estabelecia naquele momento: considerar outras formas e espaços de ocupação social, econômica e cultural do negro e do escravo – que procuravam se valer das condições cotidianas e da legislação vigente, apesar das limitações e opressão da sociedade escravocrata. Uma visão distinta do viés predominante, até então, que era a exploração branca contraposta à resistência heroica, cujo ícone maior permanece: Zumbi dos Palmares.

No contexto da produção do filme, o debate político é refletido na discussão sobre escravidão e liberdade. Correlatamente, as vanguardas defensoras da luta armada para derrubar a Ditadura estão representadas nos quilombolas. O protagonista Chico Rei, por outro lado, encarna o caminho da conciliação, o que no início dos anos 1980 ficou conhecido como *frentismo* ou *frente ampla*. Ou seja, o diretor defende que o retorno a ordem democrática dependia da união de forças distintas a fim de pressionar e obter do Estado garantias legais e consolidar conquistas políticas.

A inovadora percepção interpretativa da história do escravismo faz de **Chico Rei** um bom exemplo para compreender a história pública. Sua narrativa cinematográfica promove discussões que contribuem para a (re)elaboração do conhecimento histórico. Mas, o filme vai além das questões do passado. Tendo como pano de fundo a história do escravismo brasileiro, Walter Lima transita pela ponte temporal correlacionando os dilemas políticos relativos à redemocratização. E o diretor não se furtou em se posicionar politicamente ao lado do protagonista negro de seu filme, ou seja, do *frentismo* conciliador.

Walter Lima Júnior construiu uma instigante ponte temporal em **Chico Rei**. Com um olhar inédito, o filme representou aspectos do escravismo como: a escravização em África; o tráfico Atlântico (mais de uma década antes de Hollywood, que só o fez em 1997, em Amistad, de Steven Spielberg); os dilemas da luta pela liberdade entre fuga para o quilombo e a alforria. Essas representações históricas estabelecem, ainda, intensos diálogos com o contexto de produção do filme, com questões da luta pelo retorno à democracia.

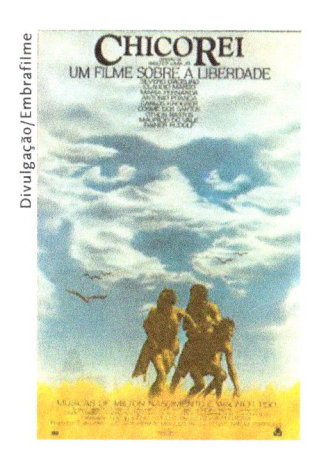

Chico Rei, Walter Lima Júnior (1985)

Quando reexibido, portanto, o cinema-história contribui novamente para a educação histórica ao reabrir a ponte temporal estabelecida quando o filme foi feito. Na sala de aula, questões inerentes à representação dos fatos históricos e ao contexto de sua realização são atualizadas ante o repertório pesquisado sobre o filme, suas referências e aspectos relativos à sua produção. Nesses momentos, diante da ampliação do repertório de informações mobilizadas pelo professor e estudantes, não é raro identificar no filme aspectos estimuladores da reflexão histórica que não foram acessados à época do lançamento.

Produção financeira

Para compreender aspectos da produção financeira e comercial do filme serão necessárias outras fontes de informação. Esta ação requer levantamento em fontes e arquivos menos usuais em relação àqueles com os quais o professor está acostumado em seu dia a dia.

De fato, os caminhos para realizar os procedimentos que visam a contextualizar tematicamente a produção fílmica e a influência do momento em que ele foi produzido correspondem, de modo geral, às práticas básicas empregadas pelo professor para preparar sua aula. Ou seja, mapear a produção historiográfica e outras narrativas sobre o assunto, compreendendo o contexto de suas elaborações.

Já os dados relativos à produção financeira e comercial estão relacionados diretamente ao filme. São informações mais ligadas ao campo financeiro, comercial e logístico. Esses dados dizem respeito à história do próprio filme, por isso são decorrentes da sua produção.

Acessá-los, contudo, não é tarefa fácil, pois nem sempre são divulgados. Além disso, depende de meios para sua publicação. Então, como fazer para realizar esse procedimento e enriquecer o trabalho com o filme na sala de aula? Não há uma única resposta e cada filme é um caso específico. Ainda assim, é possível pensar algumas estratégias que podem dar resultados positivos.

As revistas especializadas em cinema, por vezes, trazem esse tipo de informações. Mas há alguns "senões" quanto a obtenção dos dados por essas publicações. O primeiro é que, geralmente, são informações complementares na matéria sobre o filme, ou seja, restringem-se à apresentação de números sem maiores elementos para cruzamento analítico. Outra limitação é que as publicações não abordam todos os filmes lançados. Por fim, são revistas de menor circulação, o que prejudica o acesso, especialmente, em cidades menores. Além disso, esse tipo de publicação tem diminuído a oferta de títulos, acompanhando a tendência no campo da comunicação impressa após a popularização da internet.

Existe também a possiblidade de procurar informações sobre a produção junto aos órgãos governamentais de fomento ao audiovisual. Esse caminho pode ser percorrido junto às políticas estatais, como as implantadas via Embrafilme, nas décadas de 1970-1980, ou as atuais leis de incentivo à cultura, como são popularmente conhecidas. Para obter a linha de crédito e a concessão do benefício é exigida a apresentação de detalhado projeto, no qual são discriminadas as projeções de gastos e aplicação dos recursos, que devem ser comprovadas depois de concluído o filme.

Arquivos públicos, especialmente aqueles voltados ao audiovisual, representam outra possibilidade para acessar esses dados. Dependendo da organização do arquivo, o acervo pode ser disponibilizado com as informações já catalogadas, facilitando o trabalho de pesquisa. Ademais, a internet tem sido um ótimo aliado para popularizar o acesso aos arquivos. Aproveitando o ambiente virtual, muitos desses estabelecimentos disponibilizam seu acervo digitalizado, ainda que parcialmente.

A Cinemateca Brasileira é uma excelente referência desse tipo de espaço. Localizada na capital paulista, além de valioso acervo de filmes nacionais, a cinemateca possui qualificada biblioteca voltada ao cinema; extensa hemeroteca organizada por recortes reportando notícias sobre filmes, equipes, festivais; seção de cartazes promocionais; e outros setores que permitem ampla pesquisa. A organização do acervo está refletida em instrumentos de pesquisa que podem ser acessados pela internet (<www.cinemateca.gov.br>). Essa consulta permite ao pesquisador um pré-conhecimento das fontes disponíveis e otimiza o trabalho de levantamento de dados do filme. Ainda que o material desejado não esteja digitalizado, é possível solicitar sua reprodução; desde que seja permitida.

As possibilidades sugeridas para viabilizar o acesso às informações da produção fílmica ultrapassam as práticas de ensino-aprendizagem mais recorrentes no cotidiano escolar. Sua maior complexidade, contudo, não significa que é impossível, tampouco implica seu descarte.

Ao contrário. Mediante planejamento cuidadoso para adequar o tempo e a condução da pesquisa, por que não usar o filme para trabalhar, além do conteúdo disciplinar, também conceitos básicos da produção histórica? O professor poderá mediar a construção do conhecimento por meio de exercícios básicos de estímulo à pesquisa (reconhecer fontes e cruzar dados), buscando o envolvimento dos jovens-estudantes.

Acessar os dados da produção artística e comercial dos filmes pode ser trabalhoso. Mas, se for possível realizar, certamente contribuirá para o entendimento do processo de criação, composição artística, financiamento e distribuição do filme.

E, caso o trabalho seja construído conjuntamente com os alunos, configura-se um cenário saudável para o cotidiano em sala de aula. Isso porque o envolvimento estudantil com as práticas da pesquisa em História, como levantamento e análise de fontes, pode funcionar como estímulo que ajuda a despertar o interesse pela disciplina. Esse processo favorece ao jovem-estudante romper com o lugar onde é comumente identificado, que é o de receptor de informações, para passar a se reconhecer como aluno-pesquisador, um participante ativo na produção do conhecimento, juntamente com seus colegas e professor.

Repercussão

A promoção e repercussão do filme ocorrem após sua estreia ou quando se encontra em processo de finalização, salvo exceções da estratégia de divulgação que realiza ações pontuais antes do lançamento. Em todo caso, os caminhos para acessar esse tipo de informações assemelham-se aos mencionados para os dados da produção e comercialização, ou seja, a imprensa e arquivos.

A quantidade de veículos de imprensa para cobrir lançamentos tende a ser maior quando se trata de filmes de grandes companhias, com boa distribuição e que investem em publicidade. Mas também é possível seguir a cobertura de produções menores, muitas vezes inscritas nos circuitos independentes, isto é, sem grande estrutura financeira e de distribuição. Nesse caso, é importante atentarmos à cobertura de festivais de cinema, espaço onde esses títulos costumam circular e seus diretores promovem debates sobre o filme.

A internet é, novamente, uma importante aliada do professor e/ou pesquisador de filmes. Muitos *blogs* e *sites* especializados em cinema disponibilizam informações sobre os títulos, arrecadação, curiosidades e entrevistas com diretores e artistas. Mas é preciso realizar a devida crítica desses dados, como ocorre no uso de qualquer fonte. Cabe ao professor o papel de estimular esse questionamento e ressaltar a importância na certificação da validade dos dados disponibilizados, uma vez que é recorrente no espaço virtual (*blogs*, *sites*, redes sociais) a replicação de informação de origem duvidosa e, muitas vezes, inverídica.

Produtoras e distribuidoras de filmes têm adotado *sites* específicos para promover o filme. Na mesma linha, cineastas têm construído páginas pessoais onde repassam sua carreira e disponibilizam informações interessantes para a história de seus filmes, sobretudo com depoimentos, entrevistas, premiações e matérias veiculadas na mídia.

As entrevistas com equipe de produção e outras informações veiculadas, seja na imprensa escrita ou em *sites* especializados, nos ajudam a entender as opções do diretor na condução do trabalho. Nesses momentos, costumam ser reveladas as escolhas de referências de conteúdo, influências, bem como dificuldades e percalços enfrentados para a realização do filme. Todo esse material conta, ainda, com a vantagem de ser revelado por pessoas envolvidas diretamente na produção.

Jornalistas e críticos cinematográficos constituem outra voz que ajuda a construir a história do filme, especialmente quando se trata de profissionais especializados no campo; considerando que há muitos aventureiros encarregados momentaneamente de cobrirem os lançamentos para a seção de cultura do jornal/revista/*site* em que trabalham. Devemos ir além da crítica de cinema preocupada com a emissão do juízo de valor, refletida em recursos adotados para qualificar o filme, como a cotação em estrelas (geralmente, cinco estrelas é a nota máxima) ou expressões de um bonequinho – a careta desqualifica o filme, enquanto o aplauso de pé o torna altamente recomendável.

A crítica que interessa ao professor para o trabalho educativo com o filme dialoga com as referências utilizadas, atuação do elenco, condução do diretor, técnica da finalização. Enfim, é aquela que traz informações que nos ajudam a entender o processo de construção fílmica e os resultados alcançados.

> Uma observação importante para o desenvolvimento da educação do olhar: ultrapassar o juízo de valor do "bom" ou "ruim" e tentar reconhecer os aspectos a que se propõe o filme e seu alcance.

Dificilmente esse conjunto de informações será perceptível quando assistimos ao filme. Porém, após tomar contato com elas nosso olhar provavelmente será alterado ao revê-lo, compreendendo melhor as escolhas do cineasta, como, por exemplo, posicionamento de câmera, opções de figurino, cenário, postura dos atores, paleta de cores, trilha sonora.

A repercussão do cinema-história é uma importante variável e nos permite compreendê-lo como uma prática de história pública. A recepção do público se faz diretamente pela exibição do filme. Mas, fundamentalmente, pelo debate dele decorrente, destacando-se dois espaços na promoção da discussão: os espaços midiáticos e o espaço da escola.

Os filmes com temática histórica, por lidarem com a memória e, muitas vezes, revisitarem versões consolidadas do conhecimento histórico – em grande medida as reiterando, a despeito de novas produções historiográficas –, costumam despertar acalorados debates. Nesse caso, valemos novamente da observação de Robert Rosenstone: mesmo que o filme contradiga a historiografia sobre o tema, não é o caso de descartá-lo, pelo contrário, encontram-se aí oportunidades para estimular o debate sobre aquele assunto.

No Brasil, dois intensos debates decorrentes de filmes são ilustrativos desse processo de como o cinema interfere na compreensão da História: **Xica da Silva** (Cacá Diegues, 1976), e **Carlota Joaquina, princesa do Brazil** (Carla Camurati, 1995).

Como já comentado, o sucesso de público alcançado por **Xica da Silva** não o isentou de críticas, especialmente entre setores do movimento negro e feminista, e também entre historiadores. Dois anos após o lançamento do filme, as críticas positivas e negativas ainda ecoavam e serviram de combustível para o acirrado debate sobre a liberdade de criação e compromissos políticos de artistas e intelectuais quanto à produção de representações sobre a história do país.

Em 1978, Cacá Diegues concedeu entrevista (a Pola Vartuck, do jornal *O Estado de São Paulo*) em que refutava as críticas ao seu trabalho de que ele havia traído os princípios do Cinema Novo. Como defesa, o cineasta acusou seus detratores mais exacerbados de constituírem uma "patrulha ideológica" (DIEGUES, 1978). A entrevista repercutiu, foi republicada e mobilizou um intenso debate entre intelectuais, cineastas, críticos de cinema e também entre o público leitor que escrevia cartas às redações dos jornais para externarem sua opinião. **Xica da Silva**, portanto, foi o estopim para a discussão de temas sérios para a sociedade brasileira, como racismo, sexismo, machismo, opressão, censura.

O primeiro longa-metragem dirigido por Carla Camurati também desencadeou intenso debate sobre a relação entre o filme e a História. A diretora filmou a história de Carlota Joaquina, esposa de D. João VI, como comédia. O filme teve grande sucesso de público e se tornou um dos símbolos do *Cinema da Retomada*, após a grave crise financeira e do fechamento da Embrafilme – reflexo da política neoliberal do governo do presidente Collor, no início dos anos 1990.

A solução encontrada pela diretora para "brincar" com a História foi estabelecer como narrador fílmico um escocês, que contava a história para uma garotinha, Yolanda. Desse modo, a cada passagem narrada pelo pajem, Yolanda visualizava comicamente a situação. Como exemplo, citamos a visão infantilizada de D. João fugindo da invasão napoleônica de olhos vendados devido ao seu temor de tempestades; ou sua postura de bonachão em meio à comilança de coxas de frango; ou, ainda, a monstruosa mancha cabeluda no rosto da princesa após o pajem mencionar uma verruga em Carlota.

Não foram todos, contudo, que aceitaram bem as brincadeiras com a corte joanina e sua transferência para o Brasil. Membros da família real no país criticaram a diretora de ridicularizar não apenas a memória de seu ascendente, mas de um estadista. Alguns historiadores também questionaram equívocos históricos representados na película e, por consequência, reforçavam o grupo daqueles que não viam contribuição do filme para o conhecimento da história do período.

> Frequentemente, o ensino de História, em vez de acompanhar as inovações da historiografia, reproduz as caricaturas dos filmes e da TV como "ilustração" do que se viu nas aulas, ou seja, como "verdades históricas", sem qualquer reflexão crítica. Em vez de subverter o cânone, utilizando estas produções como fontes a serem discutidas, a escola o reitera (VILLALTA, 2008)

Carla Camurati, todavia, reiterou diversas vezes que se tratava de um filme, uma comédia. Houve, ainda que minoria, acadêmicos que defendessem *Carlota Joaquina*, argumentando na linha de que os excessos se devem à linguagem própria da carnavalização e que não era um trabalho para ser rejeitado pelos professores de História. Inclusive, recomendava-se aos seus detratores que, em vez de desqualificar o filme, eles deveriam aproveitá-lo para promover reflexões históricas.

> A carnavalização não se limita a fazer piadas com um universo temático. Ela possibilita apresentar o histórico como interpretação explícita [...], introduzindo inversões hierárquicas e cronológicas com finalidade crítica e evidenciando laços de esclarecimento recíproco entre o presente de filmagem/exibição e o passado tematizado (SILVA, 2009, p. 3).

Esses debates decorrentes das reverberações fílmicas são fundamentais para se pensar o lugar do filme na aula de História.

Narrativa fílmica

Conforme expusemos até o momento, podemos considerar os procedimentos que permitem compor a análise do filme com temática histórica como elementos externos, posto que as contextualizações (da temática e da produção fílmica), os aspectos financeiros e a repercussão da película, devem ser dimensionados a partir de informações extras ao filme e ao tema. Acessar esses dados permite um olhar mais amplo sobre a produção. Por conseguinte, ao assistir ao filme, as questões pertinentes à educação histórica podem ser aprofundadas no desenvolvimento da análise da narrativa fílmica.

Ao analisar o filme, portanto, é recomendável ao pesquisador/professor/aluno operar o máximo de repertórios acessíveis. A narrativa da história construída no filme reflete um processo complexo, que vai desde a composição do tema em diálogo com os saberes circulantes, passa pelas operações para viabilizar sua realização e culmina na conclusão do processo de filmagens e exibição. Mas não finda quando chega à sala de projeção, pois sua circulação (re)coloca na ordem de discussão a abordagem da História, sua interpretação, suas contradições, seus equívocos historiográficos. E a cada geração em que aquele trabalho volta a ser exibido, como mediador educativo ou por iniciativa comercial, novas questões são apresentadas.

Ainda que primário, o conhecimento dos aspectos técnicos da filmagem (como: escolha, posicionamento e movimento das câmeras, corte e montagem) permite ao espectador reconhecer significados na exibição da sequência. À medida que o filme transcorre, complementado pelos elementos externos à análise fílmica, esses significados são costurados, construindo o sentido narrativo.

As informações obtidas nessas etapas ajudam a dimensionar uma compreensão ampliada do filme, que poderá ser considerado desde sua concepção, passando pelo processo de financiamento e produção, sua estética e narrativa fílmica, até o impacto público provocado pela sua exibição. Percorrer esses procedimentos é o cenário ideal para melhor explorar didaticamente o cinema-história, pois ampliará o repertório para a elaboração de reflexões históricas.

Apesar de os procedimentos serem complementares, eles podem ser acessados independentemente. Inclusive, de acordo com as contingências, é possível deixar de operar uma ou mais dessas dimensões de análises sem prejuízo do trabalho. Ademais, nem sempre todas essas informações estão disponíveis ou é viável para o professor e aluno acessá-las.

O fato é que a análise fílmica implica escolhas e olhares específicos que atendam ao propósito do empreendimento analítico. Não por acaso, quando pensado educacionalmente, o filme termina por ser revisto várias vezes, a fim de viabilizar o cruzamento problematizado dos elementos fílmicos representados com informações coletadas em pesquisas nos âmbitos interno e externo da produção. A análise de um filme ou de seu fragmento implica:

> Despedaçar, descosturar, desunir, extrair, separar, destacar e denominar materiais que não se percebem isoladamente "a olho nu", uma vez que o filme é tomado pela totalidade. Parte-se, portanto, do texto fílmico para "desconstruí-lo" e obter um conjunto de elementos distintos do próprio filme. Através dessa etapa, o analista adquire um certo distanciamento do filme. [...] Uma segunda fase consiste, em seguida, em estabelecer elos entre esses elementos isolados, em compreender como eles se associam e se tornam cúmplices para fazer surgir um todo significante: reconstruir o filme ou o fragmento (VANOYE; GOLIOT-LÉTÉ, 2012, p. 14-15).

É estabelecido, portanto, um processo de desconstrução e reconstrução, no qual se descreve o filme para, então, interpretá-lo. Deve-se atentar para não incorrer em desequilíbrio entre esses procedimentos complementares e interligados. O exercício descritivo não deve ser confundido com o trabalho interpretativo. Tampouco a interpretação pode se sustentar em uma frágil descrição.

Os procedimentos analíticos até aqui pensados, ainda que segmentados para fins didáticos, orientam-nos a cruzar as informações externas, como compreender as intenções e referências do diretor, com os recursos técnicos e estéticos usados na produção. Percorrê-los favorece o dimensionamento dos múltiplos significados do filme para a educação histórica. Dessa maneira, pretendemos minimizar os riscos de se realizar uma análise que extrapole o próprio filme – posto que ele deve ser o ponto de partida e também de chegada do trabalho analítico.

Atividades para o desenvolvimento do processo de ensino/aprendizagem

As fichas ajudam na análise fílmica?

Conhecer aspectos da história do cinema, da linguagem, dos elementos externos e internos para analisar um filme amplia as possibilidades na utilização do cinema-história com finalidades educativas. Todos esses instrumentos, contudo, só se tornam operacionalizáveis a partir do filme escolhido e dos objetivos do trabalho a ser desenvolvido.

O primeiro passo é de responsabilidade do professor: assistir ao filme para planejar. As conhecidas dificuldades vivenciadas por grande parte do professorado, como a dupla (às vezes tripla) jornada de trabalho, podem dificultar esse procedimento e/ou estimular a tentação de assistir ao filme juntamente com os alunos, para daí pensar no prosseguimento da atividade. Por isso, nunca é demais ressalvar a importância para a atividade didática que o docente assista ao filme previamente. Além de qualificar a preparação do roteiro da atividade, seguir esse passo pode evitar alguns contratempos.

Quando assistir ao filme, o professor poderá verificar se o título escolhido é adequado à faixa etária para a qual será exibido. A classificação indicativa é um item que deve ser observado com rigor. Ainda assim, não se pode fiar somente na indicação etária, pois pode haver cenas com linguagem inadequada, representações ofensivas, de violência e/ou fundo sexual a serem evitadas.

Se for identificado que um título está adequado à faixa etária, mas algumas sequências são inapropriadas, ainda assim podemos usá-lo mediante alguns cuidados. Referimo-nos a "editar" o filme, o que pode ser feito de duas maneiras.

- A primeira é marcar o tempo em que a sequência indesejada aparece para então saltá-la na exibição, avançando a reprodução. Esse processo é mais simples, porém requer atenção total do professor ao tempo para interromper o filme no momento exato. Outro senão é que a interrupção frequentemente provoca dispersão e agitação na turma, sendo necessário um tempo para retomar a concentração no ambiente.

- A segunda é operar os saltos previamente, a partir de um programa de edição. Atualmente, há programas de computador de simples execução que podem auxiliar nessa tarefa de recortar a sequência. Esta opção é mais recomendável por tornar a dinâmica da exibição mais fluida, embora ela exija um tempo maior no preparo do arquivo fílmico e, apesar de muitos programas serem simples, nem todos docentes podem se sentir à vontade em operá-lo (voltaremos ao tema da edição doméstica no subcapítulo "Jovem-estudante cineasta").

Outro contratempo possível de ser evitado assistindo ao filme previamente é verificar sua adequação ao tempo de aula. Essa é uma grande dificuldade, já que o tempo médio de duração dos filmes gira em torno de 90-100 minutos, enquanto um módulo de aula oscila entre 50-60 minutos. Nem sempre é viável a troca de aulas com um colega de outra disciplina. E mesmo que isso ocorra, talvez nem todas as turmas daquela seriação se beneficiem da colaboração entre professores.

Para esses casos, uma alternativa é predefinir passagens a serem destacadas. Ou seja, o professor pode usar o filme sem apresentá-lo na totalidade. Os processos para isso são a marcação do tempo em que a sequência aparece ou pela edição doméstica.

É verdade que muitos professores não gostam de recortar o filme sob o argumento de que prejudica o entendimento. De fato, o ideal é exibi-lo na íntegra, especialmente quando se pensa na educação do olhar e ampliação do repertório filmográfico do alunado. Mas, a opção pela seleção de sequências não significa, necessariamente, perda para o propósito da educação do conhecimento histórico e/ou o desenvolvimento da cultura cinematográfica.

Enfatizar determinadas passagens pode favorecer a análise mais pormenorizada do conteúdo histórico e da narrativa fílmica da história. O professor pode, ainda, deixar como atividade que os alunos o assistam via internet ou outro suporte e reforce em sala as sequências selecionadas. Outra opção de trabalho é utilizar mais de um título fílmico e desenvolver análise de sequências sobre determinado tema. Esta é uma prática que costuma apresentar bons resultados, por exemplo: o expansionismo marítimo visto por sequências de alguns filmes como O Caminho para El Dorado (Bibo Bergeron, David Silverman e Don Paul, 2000), Vermelho Brasil (Sylvain Archambault, 2014), 1492: A conquista do paraíso (Ridley Scott, 1992).

Quanto ao risco de a seleção restringir a educação do olhar, vemos por outro ângulo. Mesmo fragmentando o filme, a atividade apresenta ao estudante obras cinematográficas, muitas delas desconhecidas para ele. Ademais, sendo um primeiro contato, o assistir e analisar a linguagem fílmica pode ser o estímulo para que o jovem se interesse por outros títulos. A educação do olhar não se faz somente no ambiente escolar.

Em todo o caso, quando se leva o cinema-história para um determinado espaço, a fim de proporcionar uma discussão histórica, é comum o uso de fichas de orientação. Já salientamos que o propósito deste livro não é criar um receituário de atividades, mas refletir sobre algumas possibilidades para se trabalhar o filme na educação histórica. Nesse sentido, é pertinente perguntarmos se essas fichas (com o roteiro de análise) são mesmo relevantes. Concordamos com Marcos Napolitano que:

> Qualquer que seja o tipo de exibição escolhida pelo professor, é de fundamental importância a elaboração de um roteiro de análise. Mesmo que o professor e os alunos optem por uma primeira assistência livre, sem sistematização da análise e pré-orientação do olhar, nos momentos posteriores da atividade um roteiro de análise será bastante útil (NAPOLITANO, 2008, p. 82).

O uso desse tipo de ficha de análise pode ser questionado por conduzir demasiadamente o olhar e a interpretação do espectador, restringindo sua capacidade para estabelecer uma análise autonomamente. Ou seja, o professor terminaria por impor sua leitura ao aluno que, por sua vez, assistiria ao filme na expectativa de localizar uma hipotética resposta correta colocada pela atividade.

Entretanto, não se trata de cercear a liberdade e a criatividade do estudante. A ficha funciona como parâmetro para organizar a atividade com cinema-história conforme os objetivos estabelecidos na prática didática. Sua elaboração pode, inclusive, ser uma das metas, uma construção coletiva que contaria com a participação dos alunos na pesquisa e organização dos dados externos e internos ao filme.

Portanto, mesmo que no primeiro momento a exibição do filme ocorra sem o uso de uma ficha, ela é importante para o prosseguimento da atividade. Mas que tipo de ficha seria mais apropriada? E como potencializarmos seu uso?

Segundo Napolitano (2008, p. 82), esses instrumentos de suporte podem ter uma dupla natureza: 1) informativa, com dados sobre o filme; 2) interpretativa, que traz algumas questões balizadoras para a reflexão. A partir da dupla natureza e da experiência docente quanto ao uso desse tipo de material, consideramos três tipos principais de fichas: a sinóptica, a contextualizada e a reflexiva – que podem ser adotadas independentemente ou de forma complementar.

Ficha sinóptica

Como sugere o nome, esta ficha traz informações básicas do filme, de modo a servir de referência ao espectador. Como possui natureza informativa, consideramos a ficha sinóptica essencial para o desenvolvimento de qualquer atividade com o cinema-história, uma base a ser incorporada na elaboração das demais fichas. Os elementos constitutivos de uma ficha sinóptica básica são:

- **Dados técnicos do filme** (título original e em português – se for o caso –, país de produção, ano de lançamento, diretor, roteirista, distribuidor, elenco principal – preferencialmente com a correspondência de personagens, etc.);
- **Sinopse da narrativa fílmica**, que pode ser a oficial, usada pela distribuidora na divulgação, ou adaptada, caso se queira destacar determinados elementos do filme;
- **Premiações importantes**, tanto conquistas como indicações;
- **Imagem da capa do filme ou do cartaz de divulgação.**

Esses dados podem ser facilmente obtidos, pois é comum serem disponibilizados na embalagem física do filme, em *sites* especializados em cinema ou mesmo no canal de comunicação mantido na internet pela distribuidora ou pelo diretor. Para filmes brasileiros, vale a pena acessar na internet a página da Cinemateca Brasileira, pois essas informações compõem a ficha do título nacional disponível no acervo.

Como vemos, a ficha sinóptica contribui para informar e aproximar os alunos de dados que colocam o filme com temática histórica como objeto da atividade reflexiva. Como sua elaboração não é complicada, uma sugestão para mobilizar a turma em torno do filme é delegar aos estudantes a responsabilidade pela pesquisa e sua construção.

Ficha contextualizada

A contextualização avança no aspecto informativo e sinaliza possibilidades para a interpretação do filme. Considerando os dados da ficha sinóptica, a ficha contextualizada incorpora uma primeira pesquisa sobre o tema e produção do filme. Ou seja, mobiliza o repertório de informações externas que permitem tecer diretrizes analíticas.

Dentre os dados a serem contextualizados, destacamos alguns. Primeiro, o tema do filme e sua relação com a história, pois esses elementos sinalizam a abordagem historiográfica e de outros suportes narrativos para a temática. E, ainda, permitem vislumbrar as referências usadas para a construção do filme. Segundo, ao contexto propriamente dito da produção do filme, já que esse panorama ajuda a compreender a ponte temporal presente-passado, procedimento de suma importância para a construção do conhecimento histórico. Nesse ponto, a turma deve reconhecer não somente a história passada a que se refere a trama fílmica, mas também a complexidade do momento em que o filme foi realizado. Um terceiro dado relevante são as curiosidades sobre a produção, tanto ligadas ao elenco como às referências, às adaptações, às contingências, aos problemas na execução do projeto, entre outros adendos, visto que esses dados externos podem ajudar na execução da análise interna.

Ficha reflexiva

Ressaltamos, novamente, ser de bom tom que os dados sinópticos constem da ficha para análise orientada, que também pode incorporar as informações da ficha contextualizada. Esse instrumento visa a destacar aspectos do filme e da história. Um modo bastante eficiente para estimular esses pontos de reflexão é por meio do levantamento de questões. O exercício reflexivo tenderá a trazer bons resultados quando promove o cruzamento de dados, tanto externos quanto internos ao filme, bem como relacionados a outras fontes. O roteiro para análise permite, ainda, enfatizar determinadas sequências para aprofundamento da discussão. Observamos que, caso priorize uma ou outra sequência, a ficha pode contemplar tanto a atividade em que o filme é exibido na sua totalidade como nos casos em que se opta pela edição.

Diante dessas considerações, é possível construir uma ficha de orientação que contenha esses elementos separadamente (sinóptica, contextualizada ou para análise), bem como um suporte em que são associados. Consideramos aconselhável compor todo o material em duas laudas para ser impresso em frente-verso de uma folha comum de papel (A4). Por se tratar de uma ficha de orientação, o ideal é estruturá-la em seções delimitadas por caixas de texto, para facilitar a formatação. E, ainda, que o texto dessas seções seja redigido no formato de tópicos, com frases curtas e objetivas. A seguir apresentamos um modelo de ficha com os elementos básicos, que podem ser alterados de acordo com os objetivos do trabalho e das fontes disponíveis para sua elaboração.

As fichas de orientação tendem, portanto, a contribuir positivamente para o trabalho a ser desenvolvido tanto em sala de aula quanto no espaço não escolar. Como vimos, podemos considerá-las tanto como ponto de partida da atividade como um dos objetivos mobilizadores da discussão e da educação do olhar.

Capítulo 3 Em ação... O filme na aula de História   135

Exemplo de ficha para análise

CABEÇALHO
DADOS INSTITUCIONAIS E DA TURMA

(NOME DO FILME)
NO
Data
PROF°

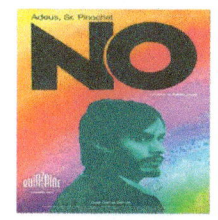

FICHA TÉCNICA
Título Brasileiro: NO
Título original: NO
Direção: Pablo Larraín
Roteiro: Pedro Peirano
Duração: 110 min.
País: Chile / Estados Unidos / França   Ano: 2012
Gênero: Drama
Produção: Daniel Marc Dreifuss, Juan de Dios Larraín, Pablo Larraín
Distribuidora: Imovision
Estúdio: Canana Films / Fabula
Fotografia: Sergio Armstrong
Trilha Sonora: Carlos Cabezas
Elenco: Gael García Bernal, Alfredo Castro, Antonia Zegers, Diego Muñoz, Jaime Vadell, Luis Gnecco, Manuela Oyarzún, Marcial Tagle, Néstor Cantillana
Indicação etária: 14 anos

SINOPSE

Chile, 1988. Após 15 anos de ditadura, o general Augusto Pinochet cede às pressões internas e internacionais e convoca um plebiscito nacional para definir sua continuidade ou não no poder. Acreditando que esta era uma oportunidade única de pôr fim à Ditadura, os oposicionistas contratam René Saavedra (Gael García Bernal) para coordenar a campanha contra a permanência de Pinochet. Com poucos recursos e sob constante vigilância dos agentes do governo, Saavedra consegue criar uma campanha consistente que ajuda o país a se mobilizar contra o governo ditatorial.

CURIOSIDADES

- "NO" (2012) fecha a trilogia do diretor Pablo Larraín sobre a Ditadura chilena. Sua primeira abordagem do tema foi a origem do golpe militar, com "Post mortem" (Desaparecido), lançado em 1982. Em 2008, lançou "Tony Manero", que representa a violência da Ditadura. "NO" enfatiza o período da transição para o regime democrático.
- Em NO o diretor aborda a campanha política do plebiscito cujo voto decidiria a permanência do ditador Pinochet no governo ou o retorno à democracia.
- As imagens do filme parecem documentos da época, pois a equipe optou por gravar com câmeras que remetesse à textura de imagens televisivas do final da década de 1980.
- Imagens da campanha política e os jingles foram usados na montagem do filme.
- A campanha NO se caracterizou pela linguagem publicitária como forma de arte para construir um conceito político e favorecer o movimento pela liberdade democrática no Chile.
- O logotipo da campanha foi um "NO" ("NÃO") sobre a imagem de um arco-íris, criando uma imagem positiva de esperança contra a violência dos anos ditatoriais.
- O filme foi bastante elogiado e premiado, sendo o representante chileno para concorrer ao Oscar de melhor filme estrangeiro em 2013.

Cabeçalho

Elementos da ficha sinóptica:
- Título do filme
- Ficha técnica
- Sinopse
- Imagem do filme

governo democrático do socialista moderado Salvador Allende.
- Chefiado pelo general Augusto Pinochet, a ditadura chilena, durante 26 anos, impôs ao país censura, tortura, sequestros e assassinatos. Um contexto de medo, perseguição, impunidades, perguntas sem respostas.
- A Ditadura chilena se somou ao quadro de autoritarismo que assolou os países latino-americanos entre os anos 1960-1980.
- Apesar da violência do governo, grupos empresariais e as classes sociais mais ricas apoiavam o regime, alegando que país se desenvolvia economicamente.
- A reorganização da sociedade civil e dos movimentos populares, aliada à pressão internacional, levou o governo a aceitar a realização de um plebiscito popular: SI (SIM), para conceder a Pinochet mais 8 anos de governo; ou NO (NÃO), que negava sua permanência e chamava eleições democráticas.
- Uma campanha com os argumentos pró-governo e contra-governo foi montada para ser veiculada em 15 minutos de propaganda livre na TV
- Em meio à Ditadura, havia desconfiança da população na legitimidade do próprio Plebiscito. Nesse cenário, a campanha do NO optou por não enfatizar as denúncias das atrocidades do regime, mas se estruturar em mensagens positivas, produzidas em linguagem publicitária, a fim de mobilizar as pessoas a votarem e escolherem pelo fim da Ditadura.
- Com mensagem de esperança e mudança, a campanha popularizou, o que levou a equipe de Pinochet a reorientar sua campanha nos mesmo moldes dos adversários.
- No dia do Plebiscito, a população compareceu em massa e votou pelo fim da Ditadura. Observadores intenacionais garantiram o reconhecimento pelo governo da sua derrota política.
- Com a derrota, Patrício Avluin, advogado e integrante do Partido Democrata Cristão, ganhou as eleições de 1989 com 55% dos votos.
- Apesar de afastado da presidência, Pinochet permaneceu como liderança militar e senador vitalício.
- Denunciado internacionalmente por crimes de guerra e violações dos Direitos Humanos, chegou a ser detido em Londres, mas a interferência da antiga aliada Margaret Thatcher, a "Dama de Ferro" da Inglaterra, o libertou.
- De volta ao Chile, apresentou laudo médico que o declarava impossibilitado de ser julgado.
- Com a manobra médica, teve que abdicar do mandato de senador.
- Pinochet morreu aos 91 anos, em dezembro de 2006, enquanto corriam os processos internacionais nos quais era réu.
- O governo chileno não lhe conferiu honras de chefe de Estado. A presidente Michelle Bachelet, presa e torturada na Ditadura, não compareceu ao enterro do Ditador.

PONTOS PARA REFLEXÃO

- Mesmo em um contexto de debate democrático, NO permite avaliar os modos de organização da sociedade em regime editatorial?
- O Chile apresentou índices de crescimento da economia durante a Ditadura, sendo este crescimento base de sustentação do governo autoritário. Será esse um argumento válido? Qual o preço pago pela sociedade chilena?
- O filme NO levanta questionamentos quanto às relações políticas na sociedade. Na película se destaca a propaganda política e o confronto ideológico.
- No Chile de 1988 a propaganda televisiva foi fundamental para o posicionamento da população. E hoje, em tempos de outras mídias, será que a televisão ainda possuir papel relevante para as escolhas?
- Ao transferir a reflexão para o Brasil, será que a propaganda partidária possui credibilidade? Se não, como ocorre processos de escolha dos candidatos nas eleições?
- No campo da estética fílmica, mesmo sendo ficção, de que maneira o filme permite uma educação histórica e política?
- É possível identificar elementos que aproxima NO ao documentário?

Ficha reflexiva
Pontos para reflexão

Elementos para a ficha de contextualização:
- Curiosidades sobre o filme
- Informações do período histórico representado
- Informações do período histórico da filmagem

Fontes

A sequência da atividade com o cinema-história dependerá do planejamento e são múltiplas as ações possíveis. Estas podem ser mais imediatas ou curtas, como: discussão posterior à exibição; seminário orientado; produção de texto correlacionando o filme e as demais fontes referentes à temática histórica. Ou uma ação mais complexa, a ser desenvolvida em médio/longo prazo, como a elaboração de um *blog* ou a realização de um filme amador.

Blog na sala de aula

No século XXI, à semelhança do que ocorre em outros campos da sociedade, a internet tem impactado profundamente as relações educacionais. As gerações nascidas neste milênio têm vivenciado cada vez mais cedo o ambiente virtual como um espaço onde acontecem interações sociais, entretenimento e estudo (CASTELLS, 2003; LEVY, 1999). Já comentamos, por exemplo, como a internet tem modificado o acesso aos filmes e transformado o modo de assisti-los e, também, de produzi-los.

Na educação, esse é o ambiente das tecnologias da informação e comunicação (TICs), onde um dos aspectos é favorecer o acesso, a construção coletiva e compartilhada do conhecimento. Utilizar os recursos tecnológicos e a internet na educação, nesse sentido, é uma prática não apenas necessária ao professor, mas também uma capacitação que se espera do docente em seu ofício. Nesse contexto, ao pensar práticas pedagógicas a partir do cinema-história, o *blog* pode ser uma boa proposta para novas situações de ensino e aprendizagem.

O termo *blog* é a forma simplificada de *weblog,* registrado pioneiramente pelo norte-americano Jorn Barger, em 1997 (BARBOSA; GRANADO, 2004). Significando algo próximo a um *diário na rede* (*web*=rede; *log*=registro, diário), a ideia logo se popularizou e empresas passaram a desenvolver os primeiros aplicativos para criar um *blog*, como o **Blogger**, da empresa Pyra Labs, em 1999, posteriormente comprado pela Google (2003) e que ainda mantém destacada posição no mercado.

Na prática, o *blog* assemelha-se a uma página na internet, mas com a vantagem da simplicidade em sua criação e manutenção. Aplicativos próprios facilitam ao usuário operar esses procedimentos, ou seja, ninguém precisa ser perito em informática, dominar a linguagem de programação nem *softwares* necessários para ter um *blog*. Isso conta positivamente para adotá-lo com finalidades educacionais.

É muito comum que o *blog* tenha o viés de uma página pessoal; mas, também, pode ser temática, com assuntos como: cinema e educação, culinária, jardinagem, moda, etc.; ou mesmo corporativa, empresarial. Seu conteúdo é composto por postagens (conhecidas como *posts*), sendo possível adicionar textos (geralmente curtos), imagens, imagens em movimento (GIFs), sons e *links* que direcionam a navegação para outro *site*. Uma característica do *blog* é sua atualização frequente, ficando as postagens organizadas em ordem cronológica, ou seja, as mais recentes figuram em primeiro lugar na exibição quando a página é acessada. Mas, também, podem ser criadas subpáginas específicas, semelhantes a pastas, que passam a funcionar como um arquivo de postagens tematizadas.

O *blog* não apenas permite que informações sejam disponibilizadas, mas favorece a interatividade, já que o leitor pode comentar, responder, complementar, discordar, compartilhar as postagens em um movimento pela internet que viabiliza a conexão entre várias pessoas. Assim, quando pensado na educação, o *blog* rompe a visão tradicional do estudante como receptor passivo de informações, pois ele passa a interagir e produzir conteúdo, seja como leitor ou como seu administrador.

Ressalva-se que, embora as redes sociais, como Twitter, Facebook, Instagram, tenham conquistado enorme popularidade, tornando-se o principal meio de conectividade entre usuários da internet, os *blogs* permanecem atuais. Esta ferramenta, conforme visto, é caracterizada por postagens informativas que, uma vez hospedadas na página, configuram-se como arquivo de dados (textos, vídeos, sons, imagens) e sua interface, reconhecidamente intuitiva, facilita a consulta ao seu conteúdo, além de estabelecer espaço para interação entre os leitores.

> Se há alguma área onde os *weblogs* podem ser utilizados como ferramenta de comunicação e de troca de experiências com excelentes resultados, essa área é, sem dúvida, a da educação (BARBOSA; GRANADO, 2004, p. 69).

Há opções disponíveis na internet para criar e manter um *blog*. Entre essas, destacamos dois *sites* gratuitos e populares que são interessantes plataformas: o **WordPress** (<www.wordpress.com>) e o **Blogger** (<www.blogger.com>). Nesses casos, o *blog* ficará hospedado no servidor dos próprios *sites* provedores e o endereço estará a eles associado: <www.luzcamerahistoria.wordpress.com>, por exemplo. Alternativamente, pode-se adquirir um domínio próprio na internet para hospedá-lo, ficando o endereço tal como o de um *site*; por exemplo: <www.luzcamerahistoria.com.br>. Mas, provavelmente, esta aquisição terá custos financeiros.

Para operar a construção e manutenção dos *blogs*, as plataformas do WordPress e do Blogger são bastante intuitivas, favorecendo a utilização mesmo por quem não tem muitos conhecimentos no campo. Além disso, com uma breve pesquisa em *sites* de busca na internet é possível acessar tutoriais e canais de orientação bem didáticos de como proceder, como alguns vídeos no *site* <www.youtube.com.br>. Ressaltamos, todavia, que não é nosso propósito nesse livro ensinar a construir um *blog*, mas vislumbrar alguns usos dessa ferramenta na relação educativa entre o cinema e a história. Sendo assim, seguimos com algumas reflexões.

Uma primeira ponderação quanto ao uso do *blog* associado ao cinema-história é reconhecer que seu funcionamento, embora seja um procedimento técnico relativamente fácil, dá-se por uma exigente operação. Envolve planejamento e acompanhamento não apenas no momento de sua criação, mas também em sua manutenção. Por isso, é uma prática didática de médio ou longo prazo, sendo o tempo ideal para o seu desenvolvimento ao menos um trimestre. Consequentemente, é uma atividade mais voltada para um grupo de pessoas que se manterá regular por um período, como uma turma escolar, de oficina ou de curso extensionista.

No momento de definição sobre que tipo de trabalho será realizado com o *blog*, outra observação a ser considerada diz respeito às suas características no campo educacional. Segundo Gomes (2005), é possível trabalhá-lo enquanto "recurso pedagógico" ou como "estratégia pedagógica":

> Apesar da distinção entre essas linhas não ser rígida, **o *blog* como "recurso pedagógico"** é considerado como espaço de acesso ao conhecimento onde o estudante deve pesquisar para acessar a informação. Por essa perspectiva, o professor tem papel central no processo, sendo, preferencialmente, o responsável por selecionar e postar os materiais.
>
> Já **o *blog* como "estratégia pedagógica"** tem um viés mais colaborativo, cuja participação dos envolvidos termina por construir a memória da própria elaboração do trabalho. Como exemplo do uso estratégico do *blog*, podemos citar a elaboração de um portfólio para o estudante nessa atividade, que pode ser individual ou coletivo, em torno do cinema e a temática histórica em questão. O portfólio pode funcionar, inclusive, como parâmetro avaliativo da atividade.

A interface do *blog* e sua abertura para comentários pode, ainda, estimular o desenvolvimento de debates – orientados, enfatizando questões específicas; ou abertos, como o posicionamento pessoal/grupo a partir das postagens. A interação decorrente da interface do *blog* e a possiblidade de comentários cria um cenário para a colaboração na construção do conhecimento. Colaboração que viabiliza intercâmbios caso o envolvimento dos alunos ultrapasse a sala de aula e inclua a participação de outras turmas da escola, bem como outros professores e, dependendo, disciplinas.

As observações relativas ao tempo de duração das atividades e o grau de participação no desenvolvimento do *blog* como meio para estimular a reflexão do cinema-história são essenciais para o planejamento da ação. A riqueza em se trabalhar a História por meio de análises fílmicas e a multiplicidade de possibilidades decorrentes da adoção do *blog* como ferramenta tornam o trabalho bastante dinâmico.

De fato, seja como *recurso* ou como *estratégia pedagógica*, o uso do *blog* tem pontos positivos e, se bem conduzido, pode proporcionar bons resultados. Podemos tecer considerações sobre algumas possibilidades de trabalho, com a ressalva de que não se trata de uma regra a ser aplicada, mas uma reflexão sobre atividades que dependem do perfil da turma, da infraestrutura, do número de aulas. O primeiro passo diz respeito a organização do *blog*, destacando-se duas possibilidades mais recorrentes na sala de aula:

Um *blog* da turma

Um único *blog* é criado pela turma, podendo também ser apresentado pelo professor. Por esse processo, todas as informações levantadas e as discussões realizadas referentes ao filme e à temática devem ser socializadas e preparadas para serem postadas. É importante a definição de responsabilidades para o gerenciamento das postagens, criando critérios que ajudem na organização e publicização do trabalho como: a) revisão do texto; b) formatação do texto; c) datas para colocar (fazer *upload*, ou seja, "subir") as postagens; d) padronização das imagens e arquivos anexados; e) equipe para responder aos comentários, etc. A montagem da equipe de gerenciamento pode ser criada elegendo um integrante de cada grupo para gerar uma corrente e aumentar a cumplicidade entre todos os grupos. O professor também pode assumir essa incumbência, especialmente quando o trabalho é realizado individualmente ou os alunos tenham menos autonomia, sobretudo em grupos de faixa etária mais baixa.

Vários *blogs* na turma

Aqui, cada aluno ou grupo cria e é o responsável pelo *blog*. Essa prática, portanto, considera a autoria personalizada do *blog*, sendo que a discussão ocorre mediante acesso e articulação dos vários *blogs*. Alguns critérios podem ser observados pelos alunos/grupos para realizar as postagens, sem que isso implique em interferência na autonomia e individualidade de cada *blog*. O trabalho com vários *blogs* na turma permite postagens mais específicas, autorais, e explorar subtemas, conforme o trabalho desenvolvido em cada núcleo de pesquisa estabelecido. É uma

> estratégia pedagógica de desenvolvimento processual e colaborativo, portanto, requer encontros mais periódicos e orientações mais próximas.

Uma vez estabelecido como a turma se relacionará com o *blog*, se único ou vários, passamos ao perfil da atividade considerando os materiais que serão as fontes do trabalho, sobretudo o filme.

> De modo geral, os trabalhos na interface "*blog* e cinema" podem ser alocados em dois amplos cenários:
>
> - Acompanhamento específico de um filme;
> - Abordagem de uma temática contemplada por vários títulos fílmicos.

Em ambos os casos, o trabalho pode ser desenvolvido individualmente ou em grupo, embora o viés reflexivo que perpassa toda a atividade com o filme com temática histórica torne a prática em conjunto fortemente recomendada.

Talvez, a maior vantagem no trabalho com um único título é a otimização do tempo. Desde o levantamento de dados externos até a análise interna ao filme, incluindo o período reservado para exibição e debate, podem ser contemplados satisfatoriamente em menos aulas. Portanto, ainda que um trabalho mais extenso possa ser desenvolvido com apenas um título, promover a reflexão histórica considerando apenas um filme é um caminho a ser considerado para situações com poucos recursos temporais e de infraestrutura também.

Por outro lado, quando se elege uma temática a ser trabalhada em diálogo com narrativas cinematográficas da história dificilmente um bom resultado será alcançado em menos de um bimestre letivo. Na prática, é razoável considerá-lo um projeto para todo o ano; ao menos um semestre. Em compensação, a complexidade decorrente de mais materiais disponíveis e questões torna o desenvolvimento do trabalho mais dinâmico. Diante das várias tarefas a serem realizadas, a cumplicidade dos alunos tende a ser intensificada. Aqui, novamente, o ideal são as ações em grupo.

> **Proposta 1**
> **Criação do *blog* como repositório**
>
> Pensada como recurso pedagógico, esta proposta é recomendada, especialmente, para turmas compostas por pré-adolescentes, de 11-12 anos. A supervisão do professor é imprescindível, visto que a autonomia e discernimento nas faixas etárias mais baixas estão em construção. Os maiores ganhos pedagógicos nessa situação são a introdução do jovem-estudante ao exercício do olhar e ao desenvolvimento da sua percepção da multiplicidade de narrativas históricas e suas fontes.
> Orientada pelo professor, a realização de rodas de discussão após a exibição de filmes costuma gerar bons resultados, pois cria condições aos estudantes para refletirem sobre o filme e a história. Assim, individualmente ou em grupo, os alunos aprendem a organizar as informações, socializar suas impressões e a elaborar materiais para postar no *blog*.
> Lembramos, ainda, que os dados obtidos na pesquisa sobre o filme (elementos externos, como imprensa e repercussão) também podem compor as análises e os relatórios do trabalho, tornando a página uma espécie de arquivo. Nesse caso, o recorte para a escolha dos filmes pode seguir tanto a temporalidade da produção ou as características dos filmes com temática histórica.
> Uma proposta de trabalho para essa faixa etária é: apresentação de um *blog* já estruturado para ser alimentado pelos materiais produzidos pelos alunos. Outra ideia é estimular a criação do *blog* da turma, especialmente se houver recursos como acesso à internet e computadores disponíveis na escola.

Para faixas etárias mais adiantadas, sugerimos a definição de um eixo temático para conduzir as reflexões com o cinema-história e a produção de um *blog* como veículo de registro das atividades, no sentido da estratégia pedagógica. Como exemplo, sugerimos o tema da ditadura civil-militar no Brasil, que, segundo a Base Nacional Comum Curricular (BNCC), é unidade temática do 9º ano do ensino fundamental, com possibilidade de ser retomada no ensino médio. A Ditadura é um tema com amplo leque de materiais como: produções historiográficas; pesquisas acadêmicas; memórias de pessoas envolvidas diretamente nos embates da época, especialmente de perseguidos políticos; matérias jornalísticas; produção artística e cultural do período, entre outros.

No campo cinematográfico também identificamos grande número de produções. **Uma sugestão para orientar a seleção dos títulos no planejamento da atividade é considerar temporalmente a realização dos filmes:** durante a ditadura (1964-1985) e no período da redemocratização (pós-1985). Mesmo que esse critério não seja adotado, devemos nos atentar para as especificidades distintas entre filmes produzidos em meio ao regime autoritário, portanto elaboradas no calor e limitações do momento, com destaque àquelas relacionadas à censura, daquelas produções realizadas no regime democrático, cujo crescente distanciamento temporal favorece a abordagem com perspectiva de reavaliar o período.

As propostas de atividades podem ir do mais simples a um conjunto de ações mais amplas e complexas. Em todo caso, o trabalho exigirá empenho dos alunos para efetuarem não apenas as discussões a partir da exibição do filme, como também a pesquisa dos elementos externos que ajudam a construir seus argumentos analíticos. A produção do material, então, deverá ser adequada para ser postada no *blog* em desenvolvimento. O acompanhamento do professor é essencial, mesmo para faixas etárias mais avançadas e com maior autonomia de produção, como alunos do ensino médio.

Os exemplos de projetos a seguir foram pensados conforme alguns critérios estipulados para selecionar os filmes. Vamos considerar, ainda, **a organização da turma em grupos**, de modo que eles se responsabilizem pelo levantamento de dados e pelas análises fílmicas, potencializando a exploração e mobilização dos variados registros sobre a Ditadura (viés historiográfico, fílmico e outros suportes).

Proposta 2
Filmes produzidos em contextos distintos:
exercício comparativo

A atividade pode ser orientada de acordo com a época da produção do filme (1964-1985/pós-1985). As categorias para análise do filme com temática histórica (projeção, ambientação, fundamentação, reportação, documentário, docudrama) podem ser associadas ao critério temporal das produções. Conforme a dinâmica proposta, o ideal é que seja aplicado a turmas com alunos mais velhos, com maior autonomia de locomoção.

Seguindo essa associação, o recomendado é que sejam eleitos 6 filmes (3 de cada temporalidade). A turma seria, então, dividida em 6 grupos, cada um responsável por um título fílmico. Desses 6 filmes, o ideal é que 3 categorias analíticas sejam definidas, contemplando os dois momentos de produção, favorecendo uma comparação com parâmetros similares. Assim, temos, por exemplo: ambientação, fundamentação e projeção; um filme produzido na Ditadura e outro no pós-ditadura.

Os objetivos são: analisar representações fílmicas sobre o período da Ditadura Militar; refletir sobre o conhecimento histórico da temática a partir da comparação entre filmes e outras fontes; construir um *blog* onde a produção do grupo seja disponibilizada. Como questão motivadora, a comparação entre as narrativas realizadas entre os períodos específicos é relevante. Os alunos são, assim, estimulados a problematizar a narrativa histórica – em seus variados suportes – como "filha do seu tempo".

A dinâmica implica orientação aos grupos; roda de conversa periódica para socialização do processo em desenvolvimento; produção de material (texto, imagens, vídeos); apresentação para turma do seu blog, selecionando trechos do filme analisado.

Uma importante observação é quanto à exibição do filme. Se todos os 6 filmes forem exibidos em sala, deve-se reservar cerca de 12 módulos/aula, o que pode prejudicar os outros objetivos do projeto. Uma opção é que a assistência fique como tarefa do grupo, para casa. Alternativamente, sendo viável para os alunos, a exibição pode ocorrer no contraturno, cabendo ao professor garantir o espaço para isso – ainda que ele não esteja presente.

A intenção desta atividade é levar o grupo a analisar a Ditadura a partir do filme, considerando elementos externos e internos, contraposto ao conteúdo histórico. Os resultados dessa reflexão devem ser organizados e alimentar o *blog*. Desse modo, toda a turma terá acesso ao que os outros grupos estão produzindo.

Como o objetivo principal é analisar comparativamente as representações sobre um mesmo tema, considerando a temporalidade da produção como um elemento problematizador, cada grupo fará uma apresentação para a turma do seu filme e das análises que tem desenvolvido. A partir das discussões das apresentações de cada grupo, considerando o *blog* como fonte das informações, a turma terá condições de elaborar suas conclusões, respondendo à questão motivadora.

Apesar da autonomia dos grupos em postarem informações, alimentando periodicamente o seu *blog*, é recomendável o estabelecimento de um cronograma pelo qual atividades comuns sejam realizadas. Desse modo, os grupos permanecem comprometidos, já que a socialização parcial dos resultados das tarefas ajuda a qualificar a participação, inclusive a redefinir os procedimentos, caso necessário.

Uma sugestão de cronograma para essa proposta é pensar em um trimestre. O quadro a seguir contém propostas de ações (porém, lembramos que elas são flexíveis, ajustáveis segundo as necessidades de cada planejamento) para essas 12 semanas:

Semana	Atividade
1ª	Sensibilização; estabelecimento dos objetivos e da dinâmica; criação do *blog*; sorteio dos filmes para deixar como tarefa que o grupo o assista.
2ª	Postagem no *blog* sobre o contexto do período de produção do filme.
3ª	Rodas de conversa referente ao contexto e orientações aos grupos.
4ª	Post das referências comentadas das fontes usadas pela produção fílmica.
5ª	Rodas de conversa referente às fontes da produção fílmica e orientações aos grupos.

6ª	Post do conteúdo do tema histórico representado no filme.
7ª	Rodas de conversa referente ao conteúdo histórico e orientações aos grupos, com destaque para a elaboração da ficha de análise; sorteio da ordem de apresentação dos grupos.
8ª, 9ª e 10ª	Prévia postagem da ficha de análise e comentário do filme; apresentação dos grupos, conforme sorteio.
11ª	Discussão/análise pela turma dos trabalhos apresentados, dos trechos fílmicos assistidos, das postagens dos *blogs*; encaminhamento da análise comparativa entre as produções de temporalidades distintas.
12ª	Roda de conversa final referente às últimas postagens; avaliação final do trabalho, retomando o processo e aprendizados relativos ao conteúdo histórico e sua relação com as representações fílmicas.

Proposta 3
Observação das abordagens do filme com temática histórica

Estimular a percepção dos alunos sobre as características do filme com temática histórica é o objetivo desta proposta. Para estabelecer um parâmetro transversal às abordagens do **filme de fundamentação, ambientação, projeção, reportação, documentário e/ou docudrama**, é recomendável definir um ou mais aspectos a serem observados, por exemplo: administração, repressão, autoritarismo, resistência, cultura, ideais políticos, etc. Nessa linha de trabalho, os grupos analisam como essas questões são abordadas pelos filmes e como podem ser ressignificadas, considerando a distância temporal da produção.

Para viabilizar o objetivo desta proposta, os grupos precisam buscar informações de conteúdo sobre as temáticas, ampliando a natureza das fontes para além das historiográficas e do material didático usado na disciplina.

São esperadas, portanto, postagens nessa orientação. Desse modo, a turma terá subsídios qualificados para proceder à análise da narrativa cinematográfica da História referente ao recorte temático escolhido.

Proposta 4
Análises dos elementos externos e internos

Como alternativa às propostas anteriores, que consideram cada grupo encarregado por um filme especificamente, podemos organizar as tarefas a partir dos aspectos analíticos a serem desenvolvidos no trabalho. Por essa perspectiva, pensamos a dinâmica da atividade em duas etapas:

a) **levantamento e análise de elementos externos;**
b) **análise da narrativa fílmica**.

Os grupos devem ser divididos considerando a disponibilidade de materiais. Assim, é possível **definir grupos responsáveis** pela: temática na historiografia; temática histórica na literatura; temática histórica na iconografia; temática histórica na música; contextualização da produção; cobertura fílmica na imprensa e outros eixos viáveis. A sugestão é que sejam estabelecidos um ou mais títulos fílmicos sobre os quais todos os grupos vão desenvolver a análise **da narrativa fílmica** após concluírem a etapa da análise externa.

Como cada grupo é responsável por um elemento da análise externa, a interdependência da turma é imprescindível para a conclusão do projeto. Um **cronograma**, portanto, precisa ser definido e observado para a realização do levantamento de dados, produção e disponibilização dos relatórios. Os momentos para debater essas informações também são igualmente fundamentais para a constituição de elementos que permitam a etapa das análises internas.

A complexidade das tarefas, a autonomia em sua realização e compromisso com os prazos tornam esse projeto mais adequado às faixas etárias mais avançadas. Essa estratégia pedagógica é indicada, também, para alunos universitários de cursos de licenciatura. Executá-la durante sua formação colocará o futuro professor em contato com vários elementos que compõem uma análise fílmica, ou seja, o capacitará em múltiplas variáveis de modo adequar esse aprendizado, seja na sua totalidade ou em partes, quando assumir a regência de turmas escolares no ensino básico.

Sabemos que a sala de aula é viva, dinâmica, única. As proposições apresentadas, consideradas a partir de outras experiências instigantes, são, portanto, sugestões a serem trabalhadas. De modo algum devem soar como um rígido esquema a ser aplicado retilineamente. Na realidade, o desenvolvimento desse tipo de trabalho depende dos interesses da turma, que orientará as escolhas e as readaptações da ação. As ideias aqui aventadas são, nesse sentido, provocações ao professor para mobilizar a vontade dos estudantes, por meio do planejamento – que, como tal, permanece aberto à reorganização. Ressaltamos que o processo de construção do pensamento crítico-reflexivo relativo ao conteúdo e a produção do conhecimento histórico, no caso intermediado pelo cinema e o *blog*, é o objetivo principal das atividades.

O professor pode questionar: essas proposições são adequadas somente para se trabalhar com *blog*? De fato, as sugestões acima são perfeitamente aplicáveis para atividades no cotidiano escolar independentemente do formato do seu registro. Destacamos a ferramenta do *blog* por apostarmos na produção compartilhada, cuja linguagem e interações por redes sociais fazem parte do cotidiano dos estudantes, tornando a prática dinâmica, pela qual a turma se responsabiliza a partir do envolvimento dos alunos para além da sala de aula.

Consideramos, também, o *blog* como meio mobilizador para o trabalho de fundo, que é o estudo da História a partir do cinema. Seu desenvolvimento será facilitado caso haja laboratório de informática

– ou, ao menos, computadores com acesso à internet para uso dos alunos – na escola. Nesse espaço, o professor pode desenvolver o *blog* com os estudantes, especialmente os mais novos. Em grupos com idades mais avançadas, a criação, formatação e postagens da página podem ser atividades para casa. Nesse caso, o momento do laboratório ou sala de aula serviria para apresentar, avaliar e reorientar o trabalho desenvolvido.

O *blog* pode, portanto, ser desenvolvido passo a passo, desde a sua criação. Entretanto, se o professor optar por apresentar uma página pronta, que deverá ser alimentada, aí o trabalho se voltará para a manutenção da plataforma. Ou seja, a produção de materiais para serem postados e a dinamização do *blog* como espaço de pesquisa e acervo de dados. Nesse caso, cabe-lhe supervisionar e adequar as postagens elaboradas pelos alunos. Todo o processo exige envolvimento e discussões, tornando a experiência bastante dinâmica e colaborativa – e isto é um considerável elemento motivador para os alunos e professores no cotidiano escolar.

Uma vez definidas essas escolhas, é fortemente recomendável pesquisar alguns *blogs* e *sites* para avaliar que tipo de interface é mais apropriada ao conteúdo que será estabelecido. Essa pesquisa pode ser uma das tarefas da atividade dos estudantes. Nesse caso, talvez seja mais produtivo o professor pré-indicar algumas páginas para servir de referência. São muitos os endereços de páginas na internet que podem ser inspiradoras como, por exemplo: a já mencionada página da Cinemateca Brasileira (<www.cinemateca.gov.br>); a página do História e Audiovisual: Circularidades e Formas de Comunicação, (ECA/USP; <www.historiaeaudiovisual.weebly.com>); e a página do Adoro Cinema, *site* comercial voltado para filmes e lançamentos cinematográficos (<www.adorocinema.com>).

Nessa etapa de pré-construção do *blog* voltado para o cinema e a educação, é importante o professor destacar a chamada **navegabilidade**, quer dizer, como a página se apresenta e permite ao usuário transitar por ela de modo a acessar satisfatoriamente seus conteúdos e recursos. Uma boa navegação depende, em grande medida, do conforto visual proporcionado, quer dizer, de que modo as cores e as imagens compõem a identidade visual da página. E, ainda, pela **distribuição**

das seções e de conteúdos disponibilizados nos ícones, *links* e subpáginas. No momento de buscar subsídios para a criação do *blog*, um exercício é estabelecer alguns critérios para avaliar as condições de navegabilidade, variando na escala: *baixa, média* e *boa*.

Uma navegabilidade aprazível ajuda a despertar o interesse pelas postagens, bem como estimula o retorno do consulente ao *blog* e a sua recomendação. Ou seja, aproxima-se de um dos maiores potenciais do uso do *blog* na educação que é criar um cenário propício à formação de um espaço de comunidade colaborativa para o desenvolvimento do conhecimento histórico, no caso, com os filmes.

Ao acessar as páginas citadas, ou outras, o consulente logo percebe diferenças estéticas. Mas esse é só primeiro passo. Outra orientação essencial para construir um *blog* como estratégia pedagógica é pensar no seu conteúdo e como este será distribuído.

Apesar de o *blog* ter uma estrutura que exibe somente postagens sucessivas, é mais recorrente dividi-lo por itens, denominados como páginas (ou abas), sendo que cada página pode ser ramificada (subpáginas ou subabas). Essas páginas compõem a barra de navegação que, costumeiramente, é exibida ou no cabeçalho ou na lateral da tela. Cada ícone-página, então, permite redirecionar a leitura para conteúdos mais específicos. Esse recurso proporciona, portanto, versatilidade para a apresentação do trabalho desenvolvido, no caso com o cinema-história. Ainda que essa exibição dependa da criatividade e dos objetivos da proposta, é possível pontuar alguns itens que provavelmente qualificarão o *blog* (que podem ou não se constituir conforme figuração sugerida):

> **Estrutura do *blog***
>
> - **Início, apresentação ou *home***: como se subentende do título dessa seção, o aluno, o grupo ou o professor apresenta a proposta do trabalho, esclarece as principais características, objetivos, metodologia, etc.;
> - **Análise ou filmes analisados**: provavelmente este será o item principal da atividade por contemplar as análises da relação entre o filme e o conteúdo histórico. Dependendo

do grau de desenvolvimento do trabalho, a página pode ser subdividida, facilitando a organização do arquivamento dos materiais produzidos e, consequentemente, o acesso pelo visitante do *blog*. Nesse sentido, algumas subpáginas podem potencializar a navegabilidade;

→ ***Filmes*** **ou *lista/catálogo de filmes***: para funcionar como um índice dos títulos abordados pelo *blog* ou que dialogam com determinada temática histórica recortada pelo trabalho;

→ ***Ficha técnica***: uma subpágina para a ficha técnica, separando-a da análise propriamente dita, ajuda a organizar as postagens e evitar o risco de sobrecarregar a tela, prejudicando o conforto visual. Essa chave permite utilizar desde a ficha sinóptica até a ficha reflexiva, propondo questões ao leitor;

→ ***Cartaz***: os cartazes trazem informações visuais interessantes dos filmes e alguns elementos podem inspirar problematizações. Alguns filmes possuem mais de uma peça gráfica de divulgação, sendo que, às vezes, o cartaz é alterado substancialmente considerando a recepção do público, por exemplo: destacar determinado ator/atriz com melhor acolhimento pelos espectadores; ou para evitar confrontos com questões culturais do país onde será exibido;

→ ***Trailer***: disponibilizar o *link* para acessar o trailer do filme dinamiza o *blog* e estimula a curiosidade do consulente. Produtoras/distribuidoras e diretores têm adotado a internet para divulgar *trailers*, geralmente nos *sites* da empresa e página pessoal, sendo também possível acessá-los nos *sites* sobre cinema e canais de vídeo na internet, como o popular <www.youtube.com> ou <www.vimeo.com>. Isso não significa, contudo, que inexistam *trailers* de filmes mais antigos, visto que arquivos voltados ao audiovisual, bem como cinéfilos, costumam garimpar esses materiais e disponibilizá-los na rede mundial de computadores;

- **O tema na história:** nesse espaço, mobilizam-se as análises sobre a temática abordada, materiais como livros e outros suportes didáticos dos alunos e textos complementares com abordagens mais acadêmicas, historiográficas;
- **Outras fontes ou outros suportes:** conforme temos visto, nem sempre a historiografia ou o ensino de história abordam temas que circulam em outros suportes. Identificar e apresentar outras fontes/suportes nos quais o tema em estudo é representado – textos literários, poéticos, cordel, o teatro, as artes plásticas, a iconografia, etc. – é um procedimento relevante à análise e para a percepção da circularidade do conhecimento histórico que tem o filme como uma das narrativas. Ressalvamos que, dependendo da temática e dos filmes trabalhados, pode haver uma profusão de suportes que permitem esse cotejamento analítico. Nesse caso, é recomendável especificá-los em subpáginas;
- **Trilha sonora:** já salientamos a importância da música como elemento para a construção de significados na narrativa fílmica. Alguns filmes se tornam profundamente marcados pela sua trilha sonora. Conhecer mais sobre a escolha musical, sobre os artistas e como eles desenvolveram o trabalho, o papel da música para as sequências, entre outras questões, é, portanto, um aspecto que pode compor a análise do filme e sua significação histórica;
- **Imprensa:** como elemento para análise externa ao filme, já ressaltamos a relevância da imprensa (inclusive digitais) para o trabalho orientado com os alunos, tanto pela constante cobertura da produção cinematográfica realizada pelos jornais e revistas, quanto pela maior acessibilidade aos acervos desses veículos. Nesse sentido, elencar e disponibilizar o material de imprensa pesquisado sobre o(s) filme(s) funciona como registro do trabalho de pesquisa e ajuda a criar um acervo para aquele assunto, reiterando o papel do aluno-pesquisador, uma das maiores vantagens nesse tipo de atividade didática;

- **Referências:** percebemos que o trabalho de educação histórica considerando o filme pode ser mais imediato, como o debate após sua exibição, ou mais complexo e de médio/longo prazo, como exemplificado no *blog* como registro do trabalho. Nesse sentido, referenciar a bibliografia e demais fontes usadas no desenvolvimento do trabalho faz do espaço *referências* um local de memória da atividade, constitui um acervo de consulta e orientação ao consulente do *blog*, além de assinalar as orientações da atividade;
- **Fórum de discussão:** apesar de cada postagem permitir comentários ao seu final, reservar um local específico para as interações com o público leitor cria um espaço mais organizado para o debate. Desse modo, o fórum ou espaço de discussões permite que outras postagens, inclusive de outras subpáginas, sejam retomadas na construção dos argumentos.

Colocar grupos de alunos em contato com outros *blogs* e páginas da internet ajuda a estimular a criatividade por meio da avaliação crítica. Assim, eles podem ponderar o que é bom, o que não funciona, o que pode ser melhorado, o que precisa ser criado, contribuindo para o desenvolvimento do seu próprio *blog*. Dessa forma, torna-se promissor o modo como serão apresentadas as análises do filme em sua interface com a História.

Entretanto, salientamos que um *blog* bem-construído não implica, necessariamente, a realização de um bom trabalho, ao menos não em sua totalidade. A consistência da atividade se revela no conteúdo qualificado, como contextualizar o filme analisado na história do cinema; estimular a construção reflexiva do filme, considerando os elementos analíticos internos e externos.

Educação de Jovens e Adultos (EJA) e o cinema

Conforme visto, o uso de filmes no ensino de História tem sido pensado desde os anos 1920, mas sua inserção na sala de aula é acentuada a partir da década de 1990. Suas possibilidades são múltiplas: pontualmente para uma aula, para um determinado conteúdo, uma sequência didática ou um projeto de médio/longo prazo. Contudo, este recurso didático tem sido mais recorrente no ensino básico regular. O que não impede que ele seja utilizado também em outras situações.

Apesar de estabelecido por lei (LDB/96), o desenvolvimento da Educação de Jovens e Adultos enfrenta inúmeras dificuldades, como a responsabilização e organização de sua aplicação, oferta irregular, infraestrutura e materiais didáticos inadequados.

A dimensão do lugar da EJA mais como política social, menos educacional, pode ser inferida pela não exigência de um graduando em licenciatura estagiar com esse perfil de aluno. Nesse cenário, a prática do audiovisual nessa modalidade de educação requer algumas considerações para minimizar possíveis contratempos.

Falamos de um público que não terminou seus estudos na idade regular. As turmas costumam ter muitos adolescentes que interromperam os estudos ou estão incompatíveis com a faixa etária regular, mas boa parte dos alunos são pessoas mais velhas. Entre estes, os motivos alegados para abandonarem a escolarização são vários, mas recorrentemente apontam questões familiares: filhos, casamento, necessidade de trabalhar. Seu retorno à escola segue interesses distintos do aluno regularmente matriculado. A partir da experiência na supervisão de licenciandos que estagiam na EJA, temos observado que o uso de filmes não figura entre as práticas mais desejadas das turmas, inclusive, muitos alunos sequer permanecem para a exibição.

Inferimos, por esse comportamento, a supervalorização do processo de aprendizagem centrada no professor, na aula com conteúdos escritos no quadro para serem copiados no caderno. Uma aula com filmes parece não se configurar uma aula válida. Nesse sentido, dinâmicas diferenciadas tendem a deslocar o imaginário tradicional da escola – voltado à exposição didática, ao quadro e ao livro – e a frustrar a expectativa do seu retorno enquanto adulto à vida escolar.

É preciso, então, compreender as percepções de educação entre o estudante-trabalhador da EJA, para pensar estratégias que os mobilizem a refletir sobre outros caminhos de aprendizagem. Como inspiração, retomamos os saberes de Paulo Freire para valorizar a realidade do aluno como elemento motivador em seu processo educativo.

Uma perspectiva é desenvolver o estudo por eixo temático, em vez de um conteúdo específico e cronológico. A explicação dessa proposta à turma permitirá ao aluno reconhecer outras possibilidades para o ensino. A ideia é adotar um ou mais filmes – em sua totalidade ou trechos selecionados – para desenvolver as reflexões sobre o tema. Como exemplo, elegemos um assunto próximo a boa parte da turma, tanto entre os mais velhos quanto entre os adolescentes: relações de trabalho.

Sequência didática: eixo temático
"Relações de trabalho"
Como a proposição é compreender historicamente uma temática pela análise de representações fílmicas, consideramos mais adequado desenvolver o trabalho nos moldes de sequência didática. Ressalva-se que essa escolha não exclui recortes menores para um ou dois módulos hora/aula, tampouco exclui um trabalho mais amplo no formato de projeto. Destacamos a sequência pelas vantagens quanto ao mencionado hipotético perfil da turma, ou seja, um primeiro momento para que os alunos percebam o filme como ferramenta pedagógica, para então desenvolver a exibição e análise fílmica e de conteúdo propriamente dita.

A sequência didática, nesse sentido, deve planejar etapas cujos objetivos alcançados nos leve ao próximo passo. Estruturamos três momentos:

- Sensibilização
- Exibição e análise
- Registro

Comentaremos brevemente esses pontos, com a ressalva de que seguiremos a premissa deste livro de não ser um repositório de planos de aula, mas de procurar estimular reflexões sobre práticas de ensino e aprendizagem.

Sensibilização
Na sensibilização, pensada para apenas uma aula, a ideia é aproveitar a identidade do aluno enquanto trabalhador. É um momento

importante para criar laços de sentido entre a turma, a temática e o filme como gerador de questões. A hipótese é a existência de pontos em comum na construção dessas identidades. Para isso, procuramos estimulá-los a reconhecer o seu atual momento da vida em perspectiva à sua trajetória familiar. Por exemplo, se forem do interior: ele morava na cidade ou na área rural? Era fácil conseguir emprego? Como era o trabalho – no campo, no comércio ou no setor de serviços? Para escolas localizadas em cidades de médio ou grande porte, as perguntas teriam o mesmo propósito, mas em contextos diferentes: ele nasceu na cidade ou veio de uma localidade menor? No caso de vir de outra região, a migração ocorreu inicialmente por outros membros da família? No trabalho há colegas que são seus vizinhos? O local do trabalho é perto ou longe de casa? Quais os tipos de atividades de trabalho que já desempenharam? Tem vontade de trabalhar em alguma área específica? Possui uma lembrança de bom emprego ou de uma relação empregatícia ruim? Enfim, essas são algumas questões que tendem a levá-los a refletir enquanto sujeitos trabalhadores com histórias que podem dialogar. Como dinâmica para a sensibilização, é recomendável organizar a turma em uma roda de conversa.

Exibição e análise

Passamos, então, à próxima etapa: explicar como o filme será o elemento de reflexão para analisar o processo histórico. Nesse momento, o segundo objetivo se desdobra em outros objetivos específicos, tais como: questões sobre o cinema e a educação; elementos para "lerem" o filme com outros olhos; informações sobre o filme; questões históricas sobre a relação de trabalho.

Nessa etapa, o professor deve mediar aspectos básicos da linguagem cinematográfica para que o aluno seja estimulado a valorizar também os elementos estéticos e artísticos como aprendizado. Essas dicas para "olhar" funcionarão como ferramenta para sua análise fílmica. Nesse caso, antes de projetar o filme, são recomendados alguns exercícios, que podem ser com o próprio título a ser exibido ou com outra referência. A atividade deve ser curta, apenas para materializar algumas orientações sobre corte, edição, plano, câmera, por exemplo.

Outro ponto importante nesse momento é pensar no recorte histórico para análise da relação de trabalho. Aqui, aquele aluno da EJA que ainda apresentar dificuldades em compreender o aprendizado do tema pelo uso do filme, tenderá a ver mais sentido quando informações de conteúdo histórico forem mobilizadas com maior centralidade para a discussão.

O recorte temporal será determinante, ainda, para a escolha do filme. Já mencionamos que a sequência didática poderá trabalhar um ou mais títulos, a serem exibidos na totalidade ou por trechos selecionados. Independentemente dessas escolhas, a temporalidade histórica orientará as análises sobre as relações de trabalho de acordo com o contexto, por exemplo: do Estado Novo, da Ditadura Militar, do neoliberalismo, do sindicalismo, da Revolução Industrial? Perpassando mais de um período histórico, de modo a estimular a percepção das permanências e mudanças nas relações e no mundo do trabalho?

Dada a especificidade do público da EJA, que costuma apresentar resistência ao uso do filme, é importante estar atento a alguns elementos em sua escolha. Acreditamos que os filmes têm suas vantagens para serem exibidos no processo educativo, sobretudo quando pensamos na educação do olhar. Mas, quando o professor precisa convencer os estudantes-trabalhadores que o cinema é um meio para o aprendizado, uma má escolha pode comprometer não só a sequência didática, como futuras práticas de ensino com o filme.

Um exemplo associado à temática escolhida é o caso de **Vidas Secas**. Baseado no livro homônimo de Graciliano Ramos, o filme foi dirigido por Nelson Pereira dos Santos (1963) e é um clássico do Cinema Novo. Aliás, as temáticas do conflito social no campo, a miséria e os retirantes foram recorrentemente abordadas pelos cinemanovistas. Em **Vidas Secas**, os longos planos-sequência, o ritmo lento, a filmagem em preto e branco com luminosidade acentuada – realçando o claro e o escuro –, personagens silenciosos... são identidades estéticas e narrativas do filme. Mas será que esse tipo de linguagem estimulará o estudante-trabalhador? Sem desmerecer este trabalho de referência de Nelson Pereira dos Santos, não nos parece que seja o convite mais atraente para uma turma da EJA. É melhor deixar para trabalhar filmes menos familiares à cultura visual corrente depois de iniciada a ampliação do repertório cinematográfico com os alunos. Quem sabe no ano seguinte?

Quais tipos de filme, então, seriam interessantes passar? Entre as várias possibilidades, sinalizamos três títulos para temporalidades distintas, cujas interfaces também permitem que eles sejam articulados sequencialmente. Sobre o movimento sindical, produzido justamente quando ele retorna à arena política no processo de redemocratização, no início da década de 1980, temos **Eles não usam black-tie** (1981). Mas essa história remonta a 1958, quando o Teatro de Arena (SP) – cuja história é associada ao teatro político e social, com experimentações estéticas – encenou essa peça. Seu sucesso se deve, em grande parte, por representar no palco a população trabalhadora como protagonista. A peça foi escrita e encenada por Gianfrancesco Guarnieri, que também protagonizou a versão cinematográfica, tendo sido um dos roteiristas responsáveis pela adaptação para a telona. Dirigido por Leon Hirszman, narrando os conflitos entre operários na iminência de uma greve, o filme questiona como as relações de trabalho e a luta por direitos afetam os trabalhadores em seu cotidiano. O conflito de interesses é apresentado não somente na fábrica, mas também nas relações íntimas, nos círculos de amizade, nas famílias dos trabalhadores.

Quanto vale ou é por quilo?, dirigido por Sérgio Bianchi, em 2005, estrutura seu enredo mesclando temporalidades distintas. Duas histórias centrais são narradas em paralelo, sendo que alguns momentos sugerem permanências do processo histórico. No passado, são representadas situações dentro do escravismo, como a compra e venda de cativos, perseguição, alforria. No tempo presente, personagens ligadas ao mundo da política e da publicidade exploram uma organização não governamental (ONG) que presta ajuda à população pobre. Com esse paralelo, o filme estimula reflexões sobre as relações de trabalho e dependência estabelecidas entre patrão e empregado/senhor e escravo.

Uma boa experiência, especialmente se for exibido em sua totalidade, certamente será **O menino e o mundo**, premiado filme de animação dirigido por Alê Abreu, em 2014. Contrariando as atuais animações ultrarrealistas e tecnológicas, o filme se baseia em desenhos simples, com traço que lembra o de uma criança. Diferentemente dos exemplos anteriores, **O menino e o mundo** não tem uma periodização definida. Todavia, sua história provavelmente provocará reconhecimentos pelas dificuldades e busca de melhores condições de vida na cidade grande. Apesar da aspereza do tema, este filme reaviva a esperança e a alegria. A música, com Emicida e Naná Vasconcelos, é um elemento à parte para a dramaticidade e ritmo.

Para diminuir uma possível desconfiança dos alunos por se tratar de um desenho, a mediação do professor no início da exibição, destacando a poesia da linguagem da animação e as temáticas históricas abordadas, ajuda a quebrar essa barreira. Estranhamentos que persistirem, provavelmente, se dissiparão quando o filme começar e o aluno mergulhar na magia de sua história.

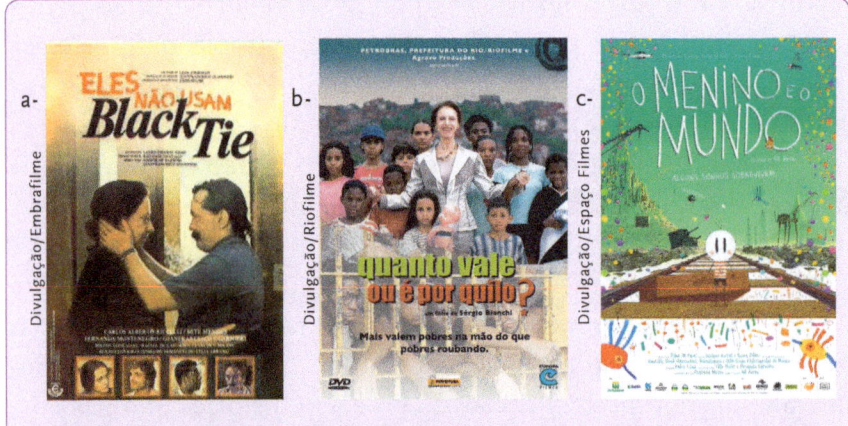

a- Divulgação/Embrafilme
b- Divulgação/Riofilme
c- Divulgação/Espaço Filmes

Analisar as relações de trabalho pode ser um eixo temático instigante para alunos adultos. Considerando um filme ou vários títulos articulados, o planejamento comporta dinâmicas variadas, como uma exibição comentada, uma sequência didática ou um projeto.

A origem nacional dos filmes aqui exemplificados tem uma dupla razão. Primeiro, porque a representação da realidade brasileira, personagens, atores, locações, aproxima o estudante da narrativa cinematográfica. A segunda razão é o conforto de assistir um filme no próprio idioma. Isto é algo a ser considerado em um grupo cuja maioria trabalhou durante o dia e, provavelmente, a jornada doméstica, com seus afazeres, o aguarda depois da aula.

Por ser o momento do desenvolvimento analítico e de conteúdo da sequência didática, a segunda etapa exigirá mais encontros. O número de aulas a ser reservado dependerá do cronograma e da proposta construída com a turma, isto é, um filme ou mais? Que tipo de análise será enfatizada?

Conforme dito, a exibição pode ser por trechos selecionados ou não. Em todo caso, discuti-la ao fim da exibição é um bom exercício para a análise fílmica e seus aspectos históricos. A questão do tempo, porém, pode levar a roda de conversa para a aula seguinte. Neste caso, o ideal é solicitar alguma atividade de casa, para manter os alunos mobilizados na discussão.

Uma atividade analítica que pode instigá-los é construir as fichas para análise, mencionadas anteriormente. A opção por essa prática pode, inclusive, trabalhar os três modelos de fichas em momentos distintos. Recomendaríamos a elaboração da ficha sinóptica individualmente, levando o aluno à interação com o filme enquanto espectador. Já a ficha contextualizada e ficha reflexiva (com pontos para reflexão), tendem a dar melhor resultado se realizadas em grupo. Por esse caminho, o debate relativo ao filme, contextualizado historicamente e as experiências individuais, delineiam a construção da identidade do aluno como trabalhador.

Registro

Caso o professor e a turma optem pela construção da ficha como ação condutora do trabalho, as etapas de análise e registro são realizadas simultaneamente. De fato, a elaboração das fichas – sinóptica, contextualizada e/ou reflexiva – é a materialização das reflexões individuais e em grupo.

Claro que outros formatos de registro podem ser solicitados, como: um trabalho final escrito, que aborde toda a sequência didática. Esse formato, contudo, tende a ser mais complexo e cansativo, tornando-se menos aprazível para os alunos. Talvez seja mais adequado solicitar textos curtos, derivados de cada aula. Ou, ainda, um trabalho de memória do estudante enquanto trabalhador, pelo qual sua vida e o contexto histórico sejam narrados, considerando os questionamentos suscitados pela análise do filme e da contextualização histórica. Se o título escolhido for a animação **O menino e o mundo**, por exemplo, por que não fazer com a turma uma oficina de desenhos – lembramos que o traço simples do filme desmistifica o ato de desenhar como técnica e perfeccionismo, liberando os alunos a se aventurarem nessa arte – que representem seu cotidiano à temática? A produção do grupo, nesse caso, pode resultar numa exposição na própria sala de aula ou ocupar outros espaços da unidade. Alcançando esses objetivos, o desafio inicial de levar o estudante da EJA a perceber o filme como meio para o processo de ensino e aprendizagem terá sido alcançado. A conclusão da sequência pedagógica atualiza, assim, o trabalho de sensibilização, ressignificando não só o conteúdo, mas a construção do aluno enquanto sujeito histórico, tal qual preconiza a pedagogia freiriana.

"Jovem-estudante cineasta"

Temos discutido até o momento a interface cinema e história. Agora, a partir das reflexões teórico-metodológicas já elaboradas e das práticas educacionais sugeridas, podemos também construir um espaço para emergir o "jovem-estudante cineasta". Sugerimos um projeto a ser realizado durante seis meses, para estimular o exercício do olhar e o pensamento crítico – por meio das discussões sobre sujeitos históricos e o exercício da cidadania.

A cidadania como eixo abriga temáticas de períodos históricos variados. Sua escolha oferece largo potencial, pois nos leva a identificação de questões socialmente vivas a serem problematizadas, haja vista a História do Brasil ser marcada por séculos de escravismo, por governos autoritários, pela desigualdade e lutas por direitos sociais e sua aplicação efetiva no cotidiano.

No encontro da escola com o cinema, buscamos caminhos para produção fílmica amadora no espaço escolar: com a construção coletiva de um documentário (curta-metragem, com duração média de 10 a 15 minutos). Procuramos elaborar um projeto para estimular a aprendizagem ativa do cinema-história. Pensando em como fazer cinema na escola, seguem sugestões que, de maneira criativa, não demandam muitos recursos, tornando uma prática acessível também às escolas com pouca infraestrutura – infelizmente, a realidade enfrentada em grande parte das escolas públicas brasileiras.

Nesse projeto, o professor e os jovens-estudantes poderão mobilizar as reflexões sobre a relação cinema-história apresentadas ao longo do livro. Sugerimos que o projeto se desenvolva de maneira lúdica e engajada, por meio de diálogos e responsabilização. Vale, também, incentivar a percepção do não visível para ressignificação dos sentidos visíveis. Dessa forma, serão desvelados novos e ampliados olhares sobre o espaço-tempo escolar a partir de formas sensíveis de articulação entre: o pensar, o fazer, o sentir e o produzir conhecimento.

Em um processo assumido a partir dos diálogos, o conhecimento será construído na interação. Por meio de atividades que permitam, aos educandos, interagir ativa e criativamente com o mundo. Os professores poderão conectar arte e educação, buscando sensibilizar os alunos para a dimensão estética das experiências sociais – acrescida do pensamento crítico para análise do processo de construção da cidadania (eixo sugerido para as atividades que se seguem). A partir das discussões sobre cidadania, os alunos serão convidados à realização de um documentário sobre "sujeitos históricos". Várias ações de grupo poderão ativar processos criativos. Apresentamos, a seguir, algumas sugestões.

Pré-produção
Sensibilização para o processo criativo

Inicialmente, sugerimos uma **dinâmica** por meio da qual o professor sensibilizará a turma para ressignificação da visão e da audição. Para potencializar o estímulo auditivo, os alunos serão convidados a utilizarem vendas (caso se sintam desconfortáveis, poderão apenas fechar os olhos). Um líder comunitário previamente contatado pelo docente deve entrar na sala, sem ser visto, para narrar brevemente histórias reais da sua região. A conversa pode enfatizar dificuldades enfrentadas por moradores do bairro/região: experiências em filas de espera nos postos de saúde; situação vivida durante o alagamento de alguma via pública; problemas decorrentes do esgoto a céu aberto, entre outras, bem como o êxito de ações cidadãs: experiências de bibliotecas comunitárias; engajamento para coleta seletiva do lixo; construção de hortas coletivas; desenvolvimento de um grupo artístico-cultural, etc.

Logo no início da atividade, cada estudante será orientado a atentar para o que está escutando, buscando imaginar as situações narradas. O exercício do olhar é, assim, estimulado ao "ver com ouvidos". Ao retirar a venda, os alunos poderão expressar o que imaginaram ao ouvir o convidado misterioso.

Para expressar "o que se imaginou", após estimular a audição, sugerimos um trabalho em trios ou grupos maiores: confecção de cartazes com frases e desenhos (cartolina, tinta, lápis de cor, giz de cera...) ou criação de uma exposição fotográfica virtual (fotografias com o celular postadas em um grupo na rede social, por exemplo: Facebook, Instagram) a partir das reflexões suscitadas pelo processo de imaginação.

Em uma roda de conversa, cada trio (ou grupo) poderá apresentar o seu cartaz ou a exposição fotográfica. Esse é um momento oportuno para o professor comentar a prática didática e construir com a turma o projeto "Jovem-estudante cineasta". O clima vivenciado no espaço, entre a exposição, a interação entre os alunos e a proposição do trabalho, potencializará os estímulos da experiência de criação fílmica como processo criativo para pensar a história pelo cinema.

Sensibilização para o tema: sujeitos históricos

O professor mediador poderá construir uma **exposição dialogada** sobre os **conceitos de cidadania e sujeito histórico**. Seguida de uma conversa sobre os direitos civis, políticos e sociais a partir de experiências engajadas dos sujeitos que se organizaram, de alguma maneira, para transformar a sua realidade. Indicamos, como fontes para o ensino do tema, a seleção de notícias recentes – reportagens em vídeos (disponíveis no YouTube) ou matérias de jornal que possam catalisar as reflexões dos jovens-estudantes.

Posteriormente, em uma ação voltada para educação do olhar, sugerimos um trabalho de **sondagem**: divididos em grupos, sob a orientação e acompanhados pelo professor, os alunos poderão sair da escola para "encontrar" (descobrir, passar a conhecer) **moradores do bairro/região** previamente contatados. O trabalho de campo será um convite para vivenciar partes do cotidiano dos sujeitos históricos – líderes comunitários, comerciantes, líderes religiosos, professores, moradores antigos, etc.

O objetivo é mapear, a partir dos relatos de experiências, os desafios para experimentação plena dos direitos civis, políticos e sociais. Esse trabalho de campo possibilitará uma experiência do olhar para a intensidade do mundo – a força dos encontros poderá nutrir o processo criativo e a crítica social. Será fundamental o envolvimento do professor para potencializar essa aventura sensível, facilitando o contato com os possíveis "personagens/sujeitos históricos" e suas histórias de engajamento social.

Os alunos, após o trabalho de campo, em sala de aula, formarão **grupos/equipes para definição dos sujeitos históricos a serem entrevistados** (observando suas formas de engajamento em ações comunitárias). Os jovens-estudantes poderão compartilhar suas ideias em grupos a serem criados no Facebook. Nesse momento, começamos a elaborar o argumento e algumas questões a serem aprofundadas na pesquisa e na realização das entrevistas.

Produção
Preparação das entrevistas

Sugerimos que cada trio ou grupo realize a filmagem de uma entrevista (sujeito histórico escolhido: morador do bairro) – que irá compor, em conjunto, o filme final da turma. Os grupos deverão selecionar os melhores momentos da sua entrevista para integrar o material final da produção do curta-metragem coletivo.

Os alunos, divididos em grupos, deverão redigir uma breve **justificativa para a escolha do sujeito histórico** (morador do bairro): para além da indicação da forma de engajamento do sujeito, deverá ser observado, por exemplo, o gênero, a classe social, a escolaridade, a profissão, entre outros parâmetros.

Para o **agendamento da entrevista** os alunos deverão contatar o "sujeito histórico" escolhido (por telefonema, e-mail ou visita) para realização do convite. Nesse contato, devem apresentar os objetivos do projeto "Jovem-estudante cineasta", ressaltando a importância da entrevista a ser concedida. Em caso de aceite, o grupo agendará o encontro para entrevista filmada.

Após o agendamento, os grupos poderão iniciar o processo de **elaboração da entrevista**, construindo perguntas/estímulos que permitam construções narrativas sobre as representações que os sujeitos históricos constroem sobre o seu exercício da cidadania. É fundamental que cada entrevistado possa dissertar, o mais livremente possível, sobre sua experiência pessoal, segundo sua vontade e condições.

Filmagem das entrevistas

Para a **filmagem amadora das entrevistas**, caso a escola não possua uma câmera digital, é preciso ver no grupo de professores e alunos envolvidos no projeto quem possui um **celular capaz de fazer gravações com boa resolução** – preferencialmente aparelhos que filmem em HD ou até Full HD para melhor definição de imagem. Se o trabalho for realizado com câmera de celular, deve-se atentar às suas especificidades e limitações. Independentemente do modelo de câmera, alguns cuidados ajudam a diminuir problemas recorrentes em gravações. Seguem algumas orientações para filmagem:

- Iluminar bem o ambiente da entrevista. Uma luminária branca ajuda bastante. Para destacar o entrevistado, a luz deve estar posicionada atrás da câmera apontando para frente, e não contra sua lente, pois assim se evita o efeito contraluz.
- Buscar um apoio firme. É preciso ter cuidado com os movimentos e apoiar bem o aparelho. Os tripés oferecem essa segurança, sendo que alguns são articulados, o que permite

movimentos suaves verticais e horizontais. Para celulares, existem adaptadores.
- No caso de celulares, existem aplicativos para ajudar na captura de imagem. Essas ferramentas especiais ajudam também na edição e distribuição de vídeos.
- Definir um único aparelho de celular/câmera para proceder as filmagens. Estabelecer um padrão evita alterações na qualidade e no formato da captura das imagens.
- A qualidade do áudio é tão importante quanto a da imagem. O ideal é contar com um microfone de captação externa (lapela, direcional ou outro modelo). Caso não seja possível, a recomendação é gravar, posicionando o aparelho (gravador digital ou celular) bem próximo do entrevistado. Desse modo, é criada uma cópia em áudio que pode ser incorporada no processo de edição, caso alguma passagem da filmagem fique com o som prejudicado.
- O armazenamento da filmagem é uma importante etapa para a construção do filme. O cartão de memória da câmera/celular é vulnerável. O recomendável é, após a filmagem, transferir o arquivo digital para um computador onde as imagens serão editadas (da escola, de um integrante do grupo, do professor). Se possível, fazer uma cópia (*backup*) em HD externo e/ou, arquivá-lo na chamada "nuvem" – na internet por meio de contas gratuitas (Dropbox, Google Drive, etc.). Ninguém quer correr o risco de perder o trabalho de semanas (organização, preparação de entrevistas, agendamento, filmagem...) por um problema no cartão de memória, queda de energia ou vírus no computador, não é mesmo?

A partir do agendamento, os alunos (ainda divididos em grupos) poderão iniciar a **gravação da entrevista**. O conforto de todos contribui para maior qualidade da filmagem. Pensando em como deixar o aluno mais livre e o entrevistado à vontade, uma estratégia é optar pela câmera parada, montada em suporte (câmera do celular ou filmadora digital disponível).

Imediatamente após a entrevista, os alunos deverão solicitar a **autorização dos entrevistados**: assinatura da carta de cessão dos direitos. Esse procedimento é fundamental e não deve ser protelado, pois, do contrário, não temos a autorização para o uso da filmagem do entrevistado. Ainda que o filme não tenha objetivo comercial, sua exibição sem autorização torna o responsável suscetível a processo judicial. Ou seja, sem o documento de autorização, o filme ficará inviabilizado. Ninguém quer ver um projeto planejado para ser educativo e prazeroso se tornar uma grande dor de cabeça jurídica e financeira.

Para evitar isso, o termo de cessão deve ser assinado pelo entrevistado logo no início da entrevista. Explicar as razões do documento – e que não há intenção de explorar comercialmente ou expor a imagem em situação que possa ser vexatória ao entrevistado – contribui para que este se sinta confiante no trabalho. A seguir, um modelo de carta de cessão, cujos dados podem ser adequados conforme a necessidade.

Carta de Cessão

Eu, _____, abaixo assinado, concedo para livre utilização do professor (a) _____, da Escola _____, os direitos sobre a entrevista concedida para o projeto: "Jovem-estudante cineasta". Autorizando, consequentemente e universalmente, a qualquer tempo, sua utilização para produção, distribuição e exibição de obra audiovisual, por todo e qualquer veículo, processo ou meio de comunicação existentes, em exibições públicas e/ou privadas, desde que para fins sociais e educativos. Para tanto, atesto conceder estes usos livremente sem causar nenhum ônus para os produtores ou qualquer outra instituição detentora dos direitos sobre a entrevista, que neste ato dou plena e rasa quitação.

Local e data: _____

Assinatura: _____

Identidade nº: _____

Objetivando organizar um breve **sumário da entrevista**, os alunos devem indicar os principais temas abordados. E, ainda, sinalizar os **momentos principais** (histórias instigantes, sentimentos dos entrevistados, reivindicações narradas, etc.) que poderão ser utilizados no curta-metragem coletivo. É importante construir uma ficha para marcar o tempo (durante a gravação) dos recortes realizados. Os grupos devem ser orientados que esse é um primeiro corte, que poderá ser revisto conforme as escolhas decorrentes das avaliações.

No desenvolvimento do projeto, o trabalho exigirá constante discussão com a turma. Depois de realizada as orientações técnicas para entrevista e filmagem, é hora de avaliar o primeiro corte do material. **Rodas de conversa** poderão ser organizadas para permitir que os grupos exponham suas seleções e reflitam conjuntamente sobre a importância dos sujeitos, a partir de suas histórias de vida. Esse momento tem uma dupla importância. Primeiro, porque a socialização torna acessível os tipos de materiais construídos. Isso faz com que o argumento inicial seja repensado e comece a estabelecer uma diretriz para o roteiro final: é a (re)orientação do filme sendo construída. E também porque, ao destacar as relações entre memória social e história, favorece reflexões para a identificação do aluno enquanto sujeito do processo histórico.

Roteiro e edição coletiva do curta-metragem

Na construção do "roteiro experimental" partimos da ideia do aprender no fazer. Isso quer dizer que os elementos de pesquisa e as entrevistas realizadas fundamentarão o guia de execução do filme. O primeiro passo nesse aprendizado é **roteirizar** conforme o tempo do filme, ou seja, **15 minutos**. Os elementos que temos – falas dos "sujeitos históricos" entrevistados na etapa anterior – nos levam ao gênero **documentário** ou uma **escrita videográfica**. Para construção do roteiro, sugerimos a escolha de uma das três modalidades de **"escrita videográfica da História"** – apresentadas por Ana Mauad e Fernando Dumas (2011):

- **Intertextual:** nessa modalidade o roteiro se baseia na estrutura da entrevista, organizada segundo o problema levantado pela pesquisa. A narrativa é composta por falas coordenadas retiradas de várias entrevistas. A essa polifonia são associadas imagens fixas, filmadas para ganhar movimento. Cada sequência fílmica é composta por um conjunto de falas associadas a um conjunto de imagens que são apresentadas em movimento, garantindo o efeito necessário à composição da linguagem.

- **Intertextual ampliada:** utiliza-se dos recursos do documentário cinematográfico, interpolando imagens fixas filmadas, cenas filmadas em eventos ao vivo e cenas de entrevistas filmadas. Compõem, ainda, a narrativa videográfica, a música incidental, a trilha sonora, a leitura de depoimentos e a fala dos entrevistados.
- **Videoclipe:** elaborada sob a inspiração da cultura dos videoclipes, tem como ponto de partida uma música produzida no tempo e no contexto abordado, a qual serve de base para a composição de um texto breve (cerca de dez minutos). As imagens fotográficas, dinamizadas por efeitos virtuais, são associadas ao ritmo da música e intercaladas (ou não) com depoimentos sobre o acontecimento ou o tema em questão.

(MAUAD; DUMAS, 2011, p. 92)

Posteriormente, considerando o argumento e a partir do material de pré-produção e de produção, estimulamos a roteirização observando **três momentos: apresentação, desenvolvimento e reflexão**. Para tanto, os alunos poderão pensar nos elementos da narrativa: **trechos das entrevistas**, buscando definir as **cenas**. Poderão compor a construção criativa da sequência, a definição de outras imagens e/ou textos, geralmente oferecidas pelo próprio entrevistado ou decorrente da pesquisa realizada pelo grupo sobre a temática documentada. Um **roteiro simplificado** deve incluir as transcrições dos trechos de entrevistas selecionados para o curta-metragem. Bem como a indicação das imagens e músicas a serem utilizadas em cada cena, por exemplo:

Cena 04
Título da cena: Reivindicações para o bairro
Tempo da cena: 2 minutos

> **Descrição da ação**
> Imagem e áudio do trecho da entrevista com o Sr. José Silva:
> Transcrição: "Fico indignado com a situação precária da nossa rua. Minhas principais reivindicações: uma obra para escoamento do esgoto das residências, que por não haver saneamento básico, fica parado a céu aberto dentro das valetas que transbordam em dias de chuva, levando água de esgoto para a rua e para as residências dos moradores, colocando assim a saúde deles em risco. E, também, tapar as crateras que se formam no meio da rua, e fazem com que a água da chuva e do esgoto fique empoçada, inundando a rua".
> **Imagens e música escolhida – efeito de transição**
> Imagem da rua com esgoto a céu aberto.
> Seguidas de fotografias da rua inundada durante um dia de chuva (cedidas pelo Sr. José Silva).
> Sincronização com a música "Indignação" (Banda Skank, 1992).

Para além das imagens cedidas pelos entrevistados e pesquisadas pelo grupo, a equipe de produção (no caso, os grupos) pode **produzir imagens** para a sequência fílmica. Ou seja, filmar o local ou situações relacionadas ao tema documentado. Esse recurso permite editar o filme com planos que intercalam a fala do entrevistado com o assunto abordado, incluindo sequências de transição de assuntos.

Mas é preciso estar atento, pois a produção audiovisual pode causar um deslumbramento: filmar todas as situações consideradas atraentes. Para evitar esse risco, é fundamental retomar o exercício do olhar: escolher, selecionar. Para compor o curta-metragem, a produção de imagens do bairro (filmagem das ruas, dos projetos sociais...) precisa partir do roteiro – das cenas que especificam a relação entre a imagem e o trecho da entrevista, bem como o modo como se deseja filmar. Devemos lembrar, nesse momento, das *discussões do Capítulo 2* sobre montagem fílmica: cena, sequência e plano – para observar o enquadramento e posicionamento da câmera.

Para concretizar o filme, será necessário organizar o processo de edição. A tecnologia facilita muito essa etapa, pois podemos nos dedicar amadoristicamente em programas simplificados e disponíveis na internet. Muitos destes são gratuitos, mas isso não significa que sejam deficitários, pelo contrário, alguns possuem recursos de edição bem avançados. Mas, antes de definir qual programa será utilizado com os estudantes, é preciso estar atento porque em algumas versões gratuitas pode haver restrições, como marca d'água ou limite de edições por um período de teste.

Uma característica dos *softwares* de edição de vídeo é o aspecto intuitivo de suas interfaces, o que facilita a vida do usuário menos familiarizado com essa prática. Por isso, mesmo sendo produtos diferentes, há similaridade entre os modos de operá-los. Ainda assim, se houver dificuldades no manuseio, o próprio fornecedor costuma disponibilizar em seu *site* um tutorial "passo a passo", além de encontrar auxílio na própria internet em que são encontradas postagens sobre como utilizar este ou aquele *software*. Sem dúvida, experimentar é a melhor forma de dominar e explorar ao máximo os recursos dessa ferramenta.

Independentemente do programa, alguns procedimentos devem constar e contemplar os elementos básicos da edição: corte, montagem, música e texto. Sendo assim, o primeiro passo após iniciar o *software* será abrir (carregar/importar) os vídeos originais. Observarmos que, nesse tipo de atividade proposta, é recorrente os alunos fazerem mais de uma gravação, ou seja, várias tomadas com o(s) entrevistado(s) e/ou filmagens de situações correlatas ao tema. Por isso é importante operar em um único formato, preferencialmente por uma mesma câmera/celular, pois, assim, evitamos a necessidade de converter os arquivos, além de manter um padrão na qualidade das imagens.

Uma vez carregados no computador, a equipe de montagem selecionará os trechos de interesse, marcando os pontos de corte inicial e final. Geralmente, um ícone (tesoura) ativa essa operação. Aqui são possíveis dois caminhos principais: 1º) assistir a todo o arquivo filmado e anotar os tempos de interesse, assim é possível selecionar previamente as sequências e depois recortar os trechos indicados; ou 2º) cortar à medida que o filme é assistido. Em todo o caso, a operação de recortar e colar é facilmente realizável mediante o avanço/recuo da régua, controlada pelo manuseio do cursor. Ainda assim, é uma ação que exige precisão para sincronizar, de modo a evitar que o filme final (o produto da turma) tenha algum trecho que comece ou termine com uma frase pela metade, por exemplo.

Essa etapa da montagem deve ser feita quantas vezes forem necessárias, de acordo com as seleções estabelecidas para atender ao roteiro. Enquanto a tarefa é realizada, a maioria dos programas exibe o filme original e os trechos cortados na mesma tela, assim o montador controla o processo, ou seja, ele visualiza gradativamente o filme produzido em relação ao arquivo original.

Ainda nessa etapa de montagem, grande parte dos programas de edição, mesmo os gratuitos, disponibiliza recursos de efeitos de transição, como clareamento/escurecimento, opacidade, giro, aparecimento/desaparecimento, justaposição. Também é possível acrescentar, entre os recortes, arquivos variados como trechos de outros filmes, imagens e áudios. Como essas possibilidades costumam influenciar na linha narrativa, é importante nos atentarmos ao seu uso.

Vimos que a sonorização é um importante elemento produtor de sensibilidades e sentido para uma narrativa fílmica. Nas edições amadoras esse aspecto também merece cuidado. Os programas de edição doméstica permitem incorporar música e outros áudios sobre os trechos do filme. O recurso é uma carta coringa, pois possibilita à produção gravar locuções que ajudam a narrar como *voz off* as sequências filmadas, criando coerência narrativa.

O princípio para editar a sonorização é o mesmo adotado para o vídeo. Depois de aberto o arquivo sonoro, arraste a régua com o cursor para selecionar o trecho do áudio. Uma vez recortado, basta sincronizar o fragmento com o setor do filme em que ele será inserido. Como na maioria dos programas a tela de exibição das etapas de edição é apresentada em faixas separadas conforme o tipo de tarefa a ser realizada (vídeo, música, texto); essa operação se realiza, geralmente, selecionando, arrastando e soltando o objeto no trecho desejado.

Outro recurso recorrente em vídeos amadores sobre uma determinada temática é o uso de texto explicativo, cuja função vai desde a identificação da pessoa entrevistada, do local filmado, do tipo de documento utilizado, até textos mais elaborados, como conceitos ou contextualização histórica. Para essa ação, seguimos a mesma lógica de edição quanto aos outros aspectos da montagem. Depois de acionar a ação de inserir texto (comumente representada pelo ícone lápis ou letra), escolha o trecho do filme para a inserção, daí a redação e formatação podem ser realizadas. Caso o grupo opte por colocar informações escritas, é importante ponderar o equilíbrio destas com a imagem, evitando a sensação de poluição textual, algo que concorreria com as filmagens.

O filme desses jovens-estudantes cineastas está quase pronto! Falta trabalhar a abertura e os créditos finais. Os programas de edição trazem modelos predefinidos, possibilitando colocar as informações conforme a formatação desejada. Apesar das predefinições, ainda há muito espaço para a criatividade. A abertura dará o tom do filme, por isso, vale investir na sua elaboração. Antes do título, por exemplo, podem ser apresentadas imagens da escola, da turma, ou um texto explicativo. Podemos utilizar letras e efeitos especiais para o título. É altamente recomendável que a escolha da música dialogue com o tema do filme. O mesmo vale para as telas do crédito, em que são informados, entre outros, os nomes dos participantes, dos realizadores e suas funções, das fontes consultadas e das músicas.

A fase da montagem é especial não só por indicar a finalização, mas por permitir a percepção das atividades desenvolvidas. Como essa etapa condensa as fases da construção do filme – definição temática, pesquisa, elaboração do roteiro, agendamento e entrevistas, filmagens, edição de vídeo, sonorização, caracteres, etc. –, torna-se um momento de reflexão pelo qual se recupera todo o processo de ensino-aprendizagem-produção.

Agora é assistir atentamente à prova do filme editado, avaliar o resultado preliminar e discutir a necessidade de algum ajuste. Para concluir a edição, o usuário deve mandar salvar o arquivo. O recomendável é optar pelo **Salvar Filme** de acordo com as configurações do programa, mas é possível escolher outros formatos de vídeo, como AVI, FLV, MOV, MPEG e MP4.

A realização do curta-metragem é o objetivo síntese desse projeto. Todavia, como o "jovem-estudante cineasta" não é concebido segundo a lógica de mostras competitivas, o sucesso vai além do resultado técnico e estético. O mais relevante, acreditamos, é qualificar todo o processo. Afinal, nesta trajetória, podemos refletir, entre outros aspectos, sobre: a história, as questões socialmente vivas, o papel da narrativa e seus formatos, o lugar do estudante como produtor de conhecimento, o trabalhar coletivamente, o potencial socioeducativo do audiovisual para além do espaço escolar, enfim, sobre a educação do olhar.

Concluído o filme, é hora de comemorar! Todo o empenho merece a exibição ampliada deste longo trabalho coletivo.

Pós-produção

Na **pós-produção** do curta-metragem é fundamental organizar a culminância do projeto com a apresentação dos resultados. Para valorização do trabalho, vale uma ampla divulgação com cartazes e em redes sociais. Sugerimos a realização de um evento para **exibição do curta**, estendendo o convite aos colaboradores do vídeo. A exibição terá por objetivo compartilhar o conhecimento da produção fílmica com os alunos de outras turmas e com a comunidade externa (pais, familiares, amigos e moradores do bairro). Uma roda de conversa sobre o processo de produção, com a participação dos entrevistados, pode ser um momento interessante da apresentação.

★★★

O projeto "Jovem-estudante cineasta" possibilita a ressignificação do espaço escolar por meio de um intenso processo de envolvimento coletivo. Os alunos e os professores poderão, por exemplo, ampliar os seus olhares sobre a história do bairro e formas de engajamento social. Dessa forma, ultrapassa formas tradicionais de ensino e amplia o exercício pedagógico.

É promissora a utilização da produção audiovisual como uma prática didática. O projeto deverá primar pelo processo de autonomia do aluno. Quando planejado adequadamente poderá envolver a escola como um todo e parte da comunidade. Acreditamos que, aos poucos, os jovens-estudantes irão reconhecer o cinema enquanto uma importante forma de expressão de conhecimento, estética, cultural, social e política.

Encanta, nessa prática, a possibilidade de os alunos se sentirem produtores criativos e sensíveis de conhecimento histórico. Nesse exemplo de projeto foram explorados aspectos da história do tempo presente – preocupada com questões socialmente vivas e narrativas dos sujeitos históricos.

CONSIDERAÇÕES FINAIS

O nosso propósito neste livro foi pensar a educação histórica por meio dos filmes. Discutimos práticas de ensino que possibilitam questionar as relações entre a produção, a mediação e a divulgação do conhecimento histórico "com", "no" e "do" cinema. Nesse caminho, o professor foi convidado a observar as formas de circularidade do saber histórico (acadêmico e não acadêmico) presentes em um filme.

Representações cinematográficas como **Gladiador** (Ridley Scott, 2000), **Mauá: o Imperador e o Rei** (Sérgio Rezende, 1999) ou **A lista de Schindler** (Steven Spielberg, 1993), por exemplo, alimentam a ideia do cinema como referência para o conhecimento histórico. Relativos, respectivamente, à sociedade do Império Romano, ao período imperial brasileiro e ao holocausto da Segunda Guerra Mundial, esses filmes, por exemplo, têm sido recorrentemente utilizados nas aulas de História. Não obstante, outros títulos sem ligação explícita com fatos passados também têm estimulado debates sobre o processo histórico, como atestam **Avatar** ou **V de vingança** (combate ao terrorismo e imperialismo do século XIX; governos totalitários, nazifascismo; respectivamente). O uso desses e de outros tantos filmes são fortes indícios da linguagem audiovisual como prática metodológica para o desenvolvimento dos conteúdos curriculares.

A partir da análise dos filmes com temática histórica (filmes de ambientação, de projeção, de fundamentação, de reportação, documentários e docudramas), deparamo-nos com algumas indagações:

seria correto considerá-los pela perspectiva comprobatória dos acontecimentos? Será que esses filmes tornam seu espectador um observador privilegiado da suposta janela para o passado? Quais os diálogos possíveis entre o filme e o conteúdo da disciplina? A exibição funciona como ilustração ou complementação às aulas expositivas e ao texto do material didático? É possível provocar a reflexão histórica a partir da narrativa fílmica da história?

> A imagem sobre um tema pode despertar interesse, sensibilizar, emocionar, contudo seu sentido é produzido a partir da análise interpretativa, ação que se processa por meio do diálogo entre textos.

A análise da narrativa fílmica, de suas imagens e também da história do próprio filme, contribui para significar o processo histórico. São muitos os exemplos de acontecimentos que não constam dos programas escolares, mas que se tornaram conhecidos graças ao cinema. Os filmes, portanto, podem oferecer interpretações da História que ultrapassam os muros da escola/universidade. Construções interpretativas que se apresentam diretamente ao público, sem a mediação de um educador ou especialista em História.

No espaço escolar, a pesquisa e as práticas de ensino para a disciplina de História que se valem do filme têm sido ampliadas (mesmo antes da Lei de Diretrizes e Bases de 1996), seja pela dimensão do cinema como relevante expressão cultural, seja pela valorização da linguagem cinematográfica na educação ou, ainda, pelo desenvolvimento de novas tecnologias que facilitaram a portabilidade do suporte filme.

O filme com temática histórica é construído na interface entre a historiografia, a memória e outros espaços narrativos, como a literatura, a iconografia, a música e/ou o próprio cinema. Nesse sentido, o filme com temática histórica se configura como processo não só de mapeamento das abordagens sobre os temas em questão, mas também pela possibilidade de produzir novos significados trazidos pela própria leitura fílmica. O cinema-história, portanto, amplia os públicos e as narrativas referentes ao conhecimento histórico.

Salientamos que a escrita de *Luz, câmera, história! Práticas de ensino com o cinema* foi finalizada em meio a propostas de reformas estruturais no campo da educação. Em um processo político conturbado e polêmico que influencia a elaboração dessas normatizações, descortina-se no horizonte a Base Nacional Comum Curricular (BNCC). Em contestação a esse processo, por exemplo, a Associação Nacional de História (ANPUH) questionou o processo de elaboração do documento, enquanto a Associação Nacional de Pós-Graduação e Pesquisa em Educação (ANPEd) se posicionou contra a necessidade de uma BNCC.

A tensão quanto à elaboração e impacto dessas ações reformistas é acentuada em torno da Lei 13.415/2017, que regula o novo ensino médio. O questionamento a essa alteração começa pela legitimidade dessa ação impactante ter sido realizada em um curtíssimo período, determinada por meio de medida provisória (MP n. 746/16). Tal procedimento não permitiu tempo hábil para o amplo debate, tampouco ouviu setores ligados à educação. Mas a crítica também se estende à sua nova estrutura, que poderá excluir alunos em vez de ampliar o acesso – e viabilizar a permanência – a esse nível de ensino, bem como a qualidade na formação do estudante diante da reconfiguração de conteúdos e carga horária.

As dúvidas ocorrem, sobretudo, pela baixa presença de especialistas em Educação (com saberes, experiências e preocupações para além dos "gestores" educacionais) nessas proposições. Entretanto, apesar da falta de consenso, o Ministério da Educação insiste em sua implementação. O governo publicou a BNCC, porém apenas para o nível fundamental. Isso porque o trabalho que definia as bases curriculares do ensino médio foi cancelado e se estabeleceu uma nova configuração, no decorrer das discussões, para esse nível educacional. Consequentemente, o documento para o ensino médio continua em elaboração – agora, para se adequar à Lei 13.415/17. Essas contradições, por conseguinte, fortalecem as críticas à conduta do MEC, haja vista a falta de diálogo e a incoerência em se pensar as bases para o ensino fundamental desarticuladas da próxima etapa da educação escolar.

Nessa disputa, posições contrárias às reformas educacionais apresentadas, como a da ANPEd, ganham força e podem levar à revisão de todo esse processo, caso um cenário favorável ao debate público se reestabeleça com a superação das turbulências políticas pelas quais o Brasil passa desde o contestado processo de *impeachment* da presidente Dilma Rousseff. Mas, até os desdobramentos políticos acontecerem, as reformas em andamento têm consequências quase imediatas no cotidiano escolar. Por exemplo, os Parâmetros Curriculares Nacionais (PCNs) – que, sem serem obrigatórios, têm orientado a organização das disciplinas escolares, a seleção de temas e o momento adequado a serem trabalhados na escola – perdem o sentido com a efetivação da BNCC.

A seleção e a organização dos conteúdos em História indicam um processo no qual não se pode negligenciar as ilações políticas e econômicas em torno dos programas políticos em sua interface com a educação. Essa disputa configura a chamada *guerra das narrativas no ensino de História.*

> Christian Laville (1999) destaca a *guerra das narrativas* ao discutir o interesse, a vigilância e as intervenções suscitadas pelo ensino de História. Políticas educacionais, muitas vezes, são utilizadas para reafirmar o poder instituído. Em uma guerra de narrativas, o ensino de História transita entre premissas de instrução nacional e o propósito da educação para a cidadania.

Nesse contexto, nas reflexões e proposições de atividades apresentadas, procuramos reiterar um princípio caro à educação em História: a problematização e a reflexão crítica. Consideramos que esse norte deve permanecer como bússola na prática docente, independentemente das mudanças iminentes na organização da educação básica.

Neste livro, procuramos explorar as possibilidades do entendimento do filme como catalisador de saberes, fomentando a reflexão e a capacidade crítica por meio da história-problema: uma história capaz de indagar, selecionar e interpretar a realidade e a sua própria construção. Por que adotar essa perspectiva de abordagem educativa com o filme-história? Porque abordar os filmes e os conteúdos curriculares sob esse viés pressupõe, para além da análise do conteúdo fílmico, a indagação do processo de construção do filme e a circulação do conhecimento proporcionada pela sua exibição.

Buscamos, portanto, estimular o trabalho interdisciplinar. Acreditamos, assim, na importância de se analisar a interface cinema, história e educação não somente a partir de questões específicas ao conteúdo, mas também por questões transversais e metodológicas para o trabalho docente. O livro, sob esse ângulo, possibilita contribuições ao processo educativo do estudante do ensino básico, ao processo formativo entre universitários de licenciatura em História e áreas afins, e à capacitação para professores em exercício profissional.

A análise da história pelo filme é, na maioria das vezes, o objetivo imediato da operação pedagógica proposta pelo professor. Porém, esse objetivo pode ser ampliado para o aprimoramento do olhar, para o refinamento da leitura de gêneros narrativos; no caso, o cinematográfico em diálogo com a história. Por isso, chamamos atenção para questões relativas à estrutura fílmica.

Isso não significa transformar o docente em um cineasta ou profissional do cinema. Mesmo porque as especificidades da história e do cinema são o que permite estabelecer o diálogo entre as áreas. Nossa proposição foi favorecer a compreensão, ainda que em nível básico, de alguns momentos da história do cinema, alguns aspectos técnicos da produção fílmica, como as principais etapas, posicionamento de câmeras, cortes, linguagem. Conforme destacamos, quanto mais elementos o professor e seus alunos mobilizarem, mais estimulantes serão as reflexões históricas.

Quando o filme é exibido com o propósito educativo, é considerado que outros aspectos importantes para a escolha do título e a perspectiva de trabalho referencial já tenham sido operacionalizados. O professor deve estar atento às questões teóricas e metodológicas inerentes ao cinema-história, bem como às características do filme escolhido e aos elementos da sua linguagem e estética.

Articular esses saberes com outras informações de origem externa à produção fílmica e às questões do conhecimento histórico potencializa a elaboração de propostas educativas em História mediadas pelo filme. Essa foi nossa intenção ao estimular atividades (como a elaboração das fichas de análise, a criação de *blogs* e o projeto "Jovem-estudante cineasta") articuladas à reflexão teórico-metodológica, muitas delas elaboradas a partir da nossa experiência docente à frente do ensino básico e em discussões de pesquisa e práticas de ensino de História.

Procuramos com este livro, destinado à formação e capacitação de professores, articular discussões teórico-metodológicas e práticas de ensino sob o ângulo da interface cinema, história e educação. Esperamos ter estimulado a utilização, em diferentes níveis de ensino, do cinema em sala de aula para o exercício da educação do olhar.

BIBLIOGRAFIA

ALMEIDA, Juniele Rabêlo de; MAUAD, Ana; SANTHIAGO, Ricardo (Orgs.). *História Pública no Brasil: itinerários e sentidos.* São Paulo: Letra e Voz, 2016.

ALMEIDA, Juniele Rabêlo de; ROVAI, Marta Gouveia de Oliveira (Org.). *Introdução à história pública.* São Paulo: Letra e voz, 2011.

AMANCIO, Tunico. *Manhas e artimanhas da Embrafilme.* Niterói: EdUFF, 2000.

AMANCIO, Tunico. Pacto cinema-Estado: os anos Embrafilme. *Revista Alceu,* v. 8, n. 15, p. 173-184, jul./dez. 2007

BACZKO, Bronisław. Imaginação social. In: *Enciclopédia Einaudi.* Lisboa: Imprensa Nacional; Casa da Moeda, 1985. Anthropos-Homem, v. 5. (Edição portuguesa).

BARBOSA, Elizabeth; GRANADO, Antônio. *Weblogs, Diário de Bordo.* Porto: Porto Editora, 2004.

BERNARDET, Jean-Claude. *Historiografia clássica do cinema brasileiro.* 3. ed. São Paulo: Annablume, 1995.

BERNARDET, Jean-Claude. *Piranha no mar de rosas.* São Paulo: Nobel, 1982.

BERNARDET, Jean-Claude. *Trajetória Crítica.* São Paulo: Polis, 1978.

BERNARDET, Jean-Claude; RAMOS, Alcides F. *Cinema e História do Brasil.* São Paulo: Contexto, 1994.

BERNARDO, Luís Miguel. *História da luz e das cores.* 2. ed. Porto: Ed. Universidade do Porto, 2009.

BORGES, Nilson. A Doutrina de Segurança Nacional e os Governos Militares. In: FERREIRA, Luiz Jorge; DELGADO, Lucília de Almeida Neves. *O Brasil Republicano.* Rio de Janeiro: Civilização Brasileira, 2007.

BRASIL. Parâmetros Curriculares Nacionais: Ensino de História – 5ª a 8ª série. Brasília: MEC, 1998.

CANUTO, Joaquim Mendes de Almeida. *Cinema contra cinema: bases para um esboço de organização do cinema educativo no Brasil*. São Paulo: Ed. Nacional, 1931.

CAPELATO, Maria Helena. *Multidões em cena: propaganda política no varguismo e no peronismo*. Campinas: Papirus, 1998.

CASTELLS, Manuel. *A galáxia da Internet: reflexões sobre a Internet, os negócios e a sociedade*. Rio de Janeiro: Zahar, 2003.

COSTA, Flávia Cesarino. Primeiro cinema. In: MASCARELLO, Fernando (Org.). *História do cinema mundial*. 3. ed. Campinas: Papirus, 2008.

CUNHA, João Manoel dos Santos. Avant-garde, literatura e cinema. *Revista O Olho da História*, Salvador, v. 10, n. 6, jul. 2004.

DIEGUES, Cacá. Cacá Diegues contra a censura das patrulhas ideológicas. *O Estado de S. Paulo*, São Paulo, p. 16-18, 31 ago. 1978, Entrevista concedida a Pola Vartuck.

DUARTE, Rosália. *Cinema e Educação*. 3. ed. Belo Horizonte: Autêntica, 2009.

DUTRA, Eliana. *O ardil totalitário: imaginário político na década de 30*. Belo Horizonte: Ed. UFMG, 1997.

FELINTO, Erick. Cinema e tecnologias digitais. In: MASCARELLO, Fernando. (Org.). *História do cinema mundial*. 3. ed. Campinas: Papirus, 2008.

FERREIRA, Rodrigo de Almeida. Cinema, História Pública e Educação: circularidade do conhecimento histórico em Xica da Silva (1976) e Chico Rei (1985). 2014. Tese (Doutorado em Educação) – Faculdade de Educação, Universidade Federal de Minas Gerais, Belo Horizonte, 2014.

FERRO, Marc. *Cinema e história*. São Paulo: Paz e Terra, 1992.

GOMES, Maria João. *Blogs*: um recurso e uma estratégia pedagógica. In: Simpósio Internacional de Informática Educativa, 7. Leiria, Portugal, 16-18 nov. 2005.

GUNNING, Tom. The Cinema of Attractions: Early Film, its Spectator and Avant-Garde. In: ELSAESSER, T. (Org). *Early Cinema: Space, Frame, Narrative*. Londres: British Film Institute, 1990.

HAGEMEYER, Rafael Rosa. *História & audiovisual*. Belo Horizonte: Autêntica, 2012.

JEANCOLAS, Jean-Pierre. Nascimento e desenvolvimento da sala de cinema. *Revista O Olho da História*, Salvador, v. 10, n. 6, p. 17-19, jul. 2004.

KORNIS, Mônica Almeida. História e Cinema: um debate metodológico. In: MORETTIN, Eduardo Victorio; SALIBA, Elias Thomé et al. (Orgs.). *História e Cinema: dimensões históricas do audiovisual*. São Paulo: Alameda, 2007.

LAGNY, Michèle. *Cine e historia: Problemas y métodos en la investigación histórica*. Barcelona: Bosch, 1997.

LAVILLE, Christian. A guerra das narrativas: debates e ilusões em torno do ensino de História. *Revista Brasileira de História*, São Paulo, v. 19, n. 38, p. 125-138, 1999.

LÉVY, Pierre. *Cibercultura*. São Paulo: Loyola, 1999.

LIMA, Maria. Consciência histórica e educação histórica: diferentes noções, muitos caminhos. In: MAGALHÃES, Marcelo et al. (Orgs.). *Ensino de História: usos do passado, memória e mídia*. Rio de Janeiro: Ed. FGV, 2014.

MAUAD, Ana Maria. Fontes de memória e o conceito de escrita videográfica: a propósito da fatura do texto videográfico Milton Guran em três tempos. *Revista de História Oral*, Rio de Janeiro, v. 1, n. 13, p. 141-151, 2010.

MAUAD, Ana Maria; DUMAS, Fernando. Fontes Orais e Visuais na pesquisa Histórica. Novos métodos e possibilidades narrativas. In: ALMEIDA, Juniele Rabêlo de; ROVAI, Marta Gouveia de Oliveira (Orgs.). *Introdução à história pública*. São Paulo: Letra e voz, 2011.

MIRANDA, Carlos Eduardo Albuquerque. Uma educação do olho: as imagens na sociedade urbana, industrial e de mercado. *Cadernos Cedes*, v. 21, n. 54, ago. 2001.

MORETTIN, Eduardo Victorio. *Humberto Mauro, cinema, história*. São Paulo: Alameda, 2013.

MOURA, Roberto. Segreto, Paschoal. In: RAMOS, Fernão; MIRANDA, Luiz Felipe. *Enciclopédia do cinema brasileiro*. 2. ed. São Paulo: Ed. SENAC, 2004.

NAPOLITANO, Marcos. *Como usar o cinema na sala de aula*. 4. ed. São Paulo: Contexto, 2008.

NAPOLITANO, Marcos. Fontes audiovisuais: a história depois do papel. In: PINSKY, Carla Bassanezi; LUCA, Tânia de (Orgs.). *Fontes históricas*. São Paulo: Contexto, 2005.

NICHOLS, Bill. *Introdução ao documentário*. 2. ed. Campinas: Papirus, 2005.

NÓVOA, Jorge; FRESSATO, Soleni Biscouto; FEIGELSON, Kristian (Orgs.). *Cinematógrafo: um olhar sobre a história*. Salvador: EdUFBA; São Paulo: Ed. UNESP, 2009.

OLIVEIRA, Lucia Lippi. Sinais da modernidade na era Vargas: vida literária, cinema e rádio. In: FERREIRA, Jorge; DELGADO, Lucilia de Almeida Neves (Orgs.). *O tempo do nacional-estatismo*. Rio de Janeiro: Civilização Brasileira, 2003.

PARANAGUÁ, Paulo Antônio. Cinema Novo. In: RAMOS, Fernão; MIRANDA, Luiz Felipe. *Enciclopédia do cinema brasileiro*. 2. ed. São Paulo: Ed. SENAC, 2004.

PINTO, Carlos Eduardo Pinto de. Sob o signo da ambiguidade: uma análise de Anchieta, José do Brasil. *Significação*, São Paulo, v. 40, n. 40, 2013.

POLLAK, Michael. Memória, esquecimento, silêncio. *Revista de Estudos Históricos*, Rio de Janeiro, v. 2, n. 3, p. 3-15, 1989.

RAMOS, Fernão Pessoa. *Mas afinal... o que é mesmo documentário?* São Paulo: Ed. SENAC, 2013.

RICOEUR, Paul. A memória, a história, o esquecimento. Campinas: Unicamp, 2007.

RODRIGUES, João Carlos. *O negro brasileiro e o cinema*. Rio de Janeiro: Globo, Fundação do Cinema Brasileiro, 1988.

ROSA, Cristina Souza da. O Cinema Educativo através dos discursos de Mussolini e Vargas. *Mnemocine*, Campinas, 25 jul. 2008. Disponível em: <www.mnemocine.com.br/index.php/cinema-categoria/25-historia-no-cinema-historia-do-cinema/126-cristina-rosa> Acesso em: 27 jul. 2017.

ROSENSTONE, Robert A. *A história nos filmes. Os filmes na História*. São Paulo: Paz e Terra, 2010.

SALIBA, Elias T. As imagens canônicas e a História. In: MORETTIN, Eduardo Victorio; SALIBA, Elias Thomé et al. (Orgs.). *História e Cinema: dimensões históricas do audiovisual*. São Paulo: Alameda, 2007.

SCHVARZMAN, Sheila. *Humberto Mauro e as imagens do Brasil*. São Paulo: Ed. UNESP, 2004.

SELIGMAN, Flávia. Organização, participação e política cinematográfica brasileira nos anos 70. *UNIrevista*, São Leopoldo, v. 1, n. 3, jul. 2006.

SERRANO, Jonathas; VENÂNCIO FILHO, Francisco. *Cinema e educação*. São Paulo: Melhoramentos, 1931.

SILVA, Marcos. História, filmes e ensino: desavir-se, reaver-se. In: NÓVOA, Jorge; FRESSATO, Soleni Biscouto; FEIGELSON, Kristian (Orgs.). *Cinematógrafo: um olhar sobre a história*. Salvador: EdUFBA; São Paulo: Ed. UNESP, 2009.

SIMIS, Anita. *Estado e Cinema no Brasil*. 2. ed. São Paulo: Annablume, 2008.

SORLIN, Pierre. *La storia nei film: interpretazione del passato*. Firenze: La Nuova Itália, 1984.

SOUZA, José Inácio de Melo. Cinejornal. In: RAMOS, Fernão; MIRANDA, Luiz Felipe (Orgs.). *Enciclopédia do cinema brasileiro*. 2. ed. São Paulo: Ed. SENAC. Souza, 2004.

SOUZA, José Inácio de Melo. Descoberto o primeiro filme brasileiro. *Revista USP*, São Paulo: USP, n. 19, p. 171-173, 1993.

SOUZA, José Inacio de Melo. Trabalhando com cinejornais: relato de uma experiência. In: *História: Questões & Debates*, Curitiba, n. 38, 2003.

SWALES, John. *Genre analysis*. New York: Cambridge University Press, 1990.

VALE, Marcos. 100 anos de uma forma de contar histórias. *Revista Laika*, São Paulo, v. 1, n. 1, p. 1-14, jul. 2012.

VANOYE, Francis; GOLIOT-LÉTÉ, Anne. *Ensaio sobre a análise fílmica*. 7. ed. Campinas: Papirus, 2012.

VILLALTA, Luiz; BECHO, André Pedroso. Sem coxinha de galinha (Abaixo o João Bobão). *Revista de História da Biblioteca Nacional*. Rio de Janeiro: SABIN, ano 3, n. 28, p. 76-80, jan. 2008.

VIANY, Alex. *O processo do Cinema Novo*. Rio de Janeiro: Aeroplano, 1999.

XAVIER, Ismail. *Alegorias do subdesenvolvimento: cinema novo, tropicalismo, cinema marginal*. São Paulo: Brasiliense, 1993.

XAVIER, Ismail. *O discurso cinematográfico*. 3. ed. São Paulo: Paz e Terra, 2005.

XAVIER, Ismail. *Sertão mar: Glauber Rocha e a estética da fome*. São Paulo: Brasiliense, 1983.

XAVIER, Ismail. *Sétima arte, um culto moderno*. São Paulo: Perspectiva, 1978.

Este livro foi composto com tipografia Minion Pro e impresso em papel Off set 90 g/m² na Paulinelli.